职代会
提案工作流程与规范及案例实务

（全新修订版）

赵振洲　戴世强　刘龙飞◎编著

人民日报出版社

图书在版编目（CIP）数据

职代会提案工作流程与规范及案例实务 / 赵振洲，
戴世强，刘龙飞编著. --北京：人民日报出版社，
2023.10

ISBN 978-7-5115-7499-2

Ⅰ.①职… Ⅱ.①赵…②戴…③刘… Ⅲ.①工会工
作-基本知识-中国②职工代表大会-基本知识-中国
Ⅳ.①D412.6

中国国家版本馆 CIP 数据核字（2023）第 189465 号

书　　名：职代会提案工作流程与规范及案例实务
　　　　　ZHIDAIHUI TI'AN GONGZUO LIUCHENG YU GUIFAN JI ANLI SHIWU
作　　者：赵振洲　戴世强　刘龙飞

出 版 人：刘华新
责任编辑：刘天一　周昕阳
封面设计：陈国风

出版发行：人民日报出版社
地　　址：北京金台西路 2 号
邮政编码：100733
发行热线：（010）65369527　65369846　65369509　65369510
邮购热线：（010）65369530　65363527
编辑热线：（010）65369844
网　　址：www.peopledailypress.com
经　　销　新华书店
印　　刷　北京彩虹伟业印刷有限公司

开　　本：170mm×240mm　1/16
字　　数：200 千字
印　　张：13
版次印次：2024 年 3 月第 1 版　2024 年 3 月第 1 次印刷

书　　号：ISBN 978-7-5115-7499-2
定　　价：69.80 元

　　职工代表大会（以下简称职代会）提案是职代会制度也是企事业民主管理工作的重要组成部分。它是职工代表在广泛征集职工意见和调查研究的基础上，就企事业单位生产经营管理、改革和发展等重大问题及职工普遍关心的重要问题，按照规定程序提请职代会讨论处理和企事业单位行政研究解决的意见和建议；是职工代表履行职责、行使民主权力、参与企业民主管理的重要形式；是激发职工主人翁责任感、积极性和创造性，促进企业决策民主化、科学化和企业改革发展的重要途径；是工会组织职工对企业进行民主管理、民主监督和维护职工利益的有效载体，也是企业行政尊重职工群众的主人翁地位、听取职工群众的意见与建议、完善企业决策的重要平台。做好提案工作，要充分发扬民主，广开言路，广泛征求职工代表对企业改革、建设和发展的意见和建议，督促提案的处理和落实，注重提高提案质量、提案办理效率，讲求实际效果，为推动企事业单位各方面工作服务。

　　本书共七章，在对提案工作进行整体阐述、强调职工代表的作用与主观能动性的同时，强调了提案工作的顶层设计，探讨了承办部门处理落实工作与提案质量的辩证关系，强调了工会作为民主管理组织者的重要作用，强调了代表团组的重要因素。

　　本书在讲述提案工作基本知识的同时，从实用性、实效性与可操作性的角度考虑，对范例、模板、经验、流程等进行了重点介绍，以期给读者提供力所能及的帮助。

第一章　职代会

第二章　职代会提案的基本知识与顶层设计

第三章　职代会提案制度与规范化建设

第四章　提案工作的高质量发展

第一章
职代会

职工代表大会（简称职代会）是企事业单位民主管理的基本形式，是职工行使民主管理权力的机构。职代会的提案征集与处理是职代会组织制度的组成部分，想要做好该项工作，就应该对企事业单位民主管理、职代会制度有比较清晰的认识与了解。

第一节　职代会的性质、组织制度和职工代表

正确认识和准确把握职代会的性质、特征、任务和组织制度，是开展好企事业单位民主管理工作的前提与必要条件。了解和把握职工代表的职责与使命，对于开好职代会、搞好包括提案工作在内的企事业单位的民主管理十分重要。

一、职代会的性质和特征

(一) 职代会的性质

理解职代会的性质，可以从以下两个方面来把握。

一是职代会是企事业单位实行民主管理的基本形式。我国企事业单位民主管理的形式多种多样，但由于职代会具有广泛的代表性、充分的民主性、法定的权威性、组织制度的严密性，所以法律规定职代会是企事业单位民主管理的基本形式。

二是职代会是职工依法行使民主管理权力的机构，由此派生出的职代会的各项职权是不同的。

(二) 职代会的特征

1.职代会具有广泛的代表性和充分的民主性。职代会由职工代表组成，而职工代表又是按一定的民主程序和一定的比例由职工直接选举产生的。他们来自各个部门，几乎包括企事业单位各个方面，既代表职工的意志，又受其监督。另外，职代会议案的提出和决议的做出都要经过一定的民主程序，这样也保证了职代会的代表性和民主性。

2.职代会具有法律依据和权威性。我国《宪法》明确规定："国有企业依照法律规定，通过职工代表大会和其他形式，实行民主管理。"《劳动

法》《公司法》等法律法规都规定了企事业单位要通过职代会等形式，实行民主管理且有具体的内容。这些规定为全面建立和健全职代会制度提供了法律保障。

3.职代会具有严密的组织制度。职代会有多级民主管理网络，有各种专门工作小组，有自己的工作机构和活动制度，这种组织上的系统化和工作的经常化、制度化、程序化，是其他民主管理形式不可比拟的。

4.职代会制度是我国企事业单位民主管理长期实践的结果。企事业单位实行职代会制度，符合我国目前生产力发展水平、管理水平。长期实践证明，它比其他企事业单位民主管理形式更加切实可行。

二、职代会的职责和任务

根据有关规定，归纳起来，职代会的职责与任务主要如下。

（一）维护职工合法权益

维护职工合法权益，是职代会也是工会的重要任务。在企事业单位，凡是涉及职工合法权益的重大问题，应当提交职代会讨论，由职代会通过、决定。职代会要依法行使自己的职权，严格把关，保障职工合法权益不受侵犯。

（二）支持行政领导依法行使职权，维护企事业单位正常的生产、工作秩序

职工的利益与企事业单位的利益根本上是一致的。职代会要积极支持企事业单位的改革与发展，教育职工以主人翁态度对待劳动，自觉遵守各项规章制度，维护行政领导的权威，维护正常的生产工作秩序，努力完成各项生产工作任务。

（三）监督企事业单位领导人

监督企业领导人，就是要检查督促企事业单位各级领导人的工作。职代会要对企事业单位领导人是否正确行使职权、是否在法律法规规定的范围内活动、是否廉洁自律依法进行监督。

（四）教育职工，提高职工素质

职代会要充分发挥职工群众自我教育的作用，通过各种途径和形式，对职工群众进行思想政治教育、法律法规教育、科学文化技术教育等，全面提高职工素质。

三、职代会的组织原则

职代会实行民主集中制的组织原则。

民主集中制是民主基础上的集中和集中指导下的民主相结合的制度。民主是集中的前提和基础，没有民主，就不会有正确的集中；在民主的基础上又必须实行必要的集中，离开必要的集中，民主就会失去正确方向和目标，人民当家作主就成了一句空话。必须把民主集中制原则贯穿于职工代表大会活动的全过程，职代会的每个环节都要严格遵照民主程序，这样才能真正体现职代会的性质和特点，才能保证职代会的质量，才能促进全过程人民民主。

四、职代会组织制度

（一）职工代表大会会议制度

1.《企业民主管理规定》第八条规定："企业可以根据职工人数确定召开职工代表大会或者职工大会。"第十七条规定，职工代表大会每年至少召开一次。职工代表大会全体会议必须有 2/3 以上的职工代表出席。遇有重大事项，经行政主要领导、企事业单位工会或 1/3 以上职工代表的提议，可召开临时会议。职代会进行选举和做出重要决议、决定，一般采用无记名投票方式进行，必须经全体职工代表过半数通过。

2.职代会选举和表决相关事项，必须按照少数服从多数的原则，经全体职工代表的过半数通过。对重要事项的表决，应当采用无记名投票的方式分项表决。

3.职代会在其职权范围内依法审议通过的决议和事项具有约束力，非经职代会同意不得变更或撤销。企事业单位应当提请职代会审议、通过、决定的事项，未按照法定程序审议、通过或者决定的无效。

（二）职代会的职权

职代会的职权是指其依法应当享有和行使的权利。根据有关规定，职代会的职权主要有审议建议权、审查同意或否决权、评议监督权和推荐选举权。

（三）职代会主席团

职代会可以设主席团主持会议。主席团成员由企业工会与职代会各团（组）协商提出候选人名单，经职代会预备会议表决通过。其中，工人、技术人员、管理人员（指非中层以上管理人员和领导人员）不少于50%。职代会主席团负责职代会会议期间的组织领导工作。根据需要可从主席团成员中选举产生大会秘书长。秘书长一般由工会主席担任为宜。

选举的一般程序：第一步，在征求职工代表意见的基础上，由企事业单位工会征求职工代表团（组）的意见，协商提出候选人名单；第二步，向企事业单位党组织汇报，确定主席团成员候选人建议名单；第三步，将候选人建议名单提交职代会讨论，采用无记名投票或举手表决通过的办法选举产生。职代会全体会议由大会主席团成员轮流主持。职代会主席团不实行常任制。

职代会主席团的主要职责：主持开好职代会，领导大会期间的各项工作与活动；听取和综合各代表团（组）对各项议题审议的意见；研究大会议题中要通过和决定的事项；草拟大会各项决议；主持大会对企业领导人的评议和大会选举工作；处理大会期间的其他事项。

（四）职代会专门委员会（小组）

1.设立专门委员会（小组，下同）的意义和作用。职代会专门委员会，是为职代会行使各项职权服务的专门工作机构。设立专门委员会，可以使职代会更好地开展活动，提高工作效率，发挥应有的作用。

2.专门委员会的设置和人员组成。专门委员会的设置，应根据职代会行使职权的需要和企事业单位的实际情况来确定。一般应设置生产经营、生活福利、提案审查、评议工作和劳动法律监督等专门委员会。此外，还可以根据需要设置临时性专门委员会。专门委员会的人选，一般在职工代表中提名产生，也可以聘请少量非职工代表参加，但主任委员须是职工代表。专门委员会一般由 3 至 10 人组成。专门委员会设主任 1 名，可设副主任若干名。

3.专门委员会的基本职责和任务。职代会各专门委员会在职代会筹备和召开期间，重点工作是参与行政有关方案的制订，对提交职代会讨论的有关议案进行审议，提出意见建议或专项报告。职代会闭会期间，重点工作是有目的地开展民主管理活动，检查督促有关部门贯彻执行职代会决议的情况，听取和反映职工群众的意见和建议。

（五）职工代表团（组）长和专门委员会负责人联席会议

职工代表团（组）长和专门委员会负责人联席会议，是在职代会闭会期间，为解决临时需要职代会审议或审查的某些重要问题，而由工会委员会召集的会议，是职代会制度的重要组成部分。

联席会议成员由两方面人员组成。一是职工代表团（组）长，二是专门委员会负责人。也有的企事业单位扩大了联席会议的范围，请部分工会干部和部分职工代表参加。联席会议可以根据会议内容邀请企事业单位党政负责人或其他有关人员参加。联席会议的召开时间没有具体规定，遇有工作需要，可随时召开。联席会议由工会委员会召集，工会主席主持。

职代会联席会议的主要任务是协商处理职代会闭会期间需要临时解决的重要问题。联席会议协商处理的问题，应该是临时遇到的、同职代会职权有关的重要问题。属于企事业单位重大决策的问题，应尽可能提交职代会审议。联席会议协商处理的重要问题，要向下一次职代会报告，以得到确认。

（六）职代会的议题和决议

1.职代会议题是指列入职代会议程和提交职代会审议的问题。议题是职代会的纲领性文件。职代会要针对企事业单位生产经营管理以及职工切身利益方面的重大问题确定中心议题。

职代会议题和议案应当由企事业单位工会听取职工意见后与企事业单位协商确定，并在会议召开 7 日前以书面形式送达职工代表。

2.职代会的决议。职代会在对企事业单位提交大会审议的工作报告和提交职代会的各项议案认真审议后，应做出相应的决议或决定，形成职代会在其职权范围内依法做出的决议。

五、职工代表的选举、权利与义务

（一）职工代表的条件、比例、成分与选举

1.与企业签订劳动合同建立劳动关系以及与企业存在事实劳动关系的职工，有选举和被选举为职代会代表的权利。

2.企业召开职代会的，职工代表人数按照不少于全体职工人数的5%确定，最少不少于30人。职工代表人数超过100人的，超出的代表人数可以由企事业单位与工会协商确定。

3.职代会的代表由工人、技术人员、管理人员、企业领导人员和其他方面的职工组成。其中，企业中层以上管理人员和领导人员一般不得超过职工代表总人数的20%。有女职工和劳务派遣职工的企业，职工代表中应当有适当比例的女职工和劳务派遣职工代表。

4.职工代表应当以班组、工段、车间、科室等为基本选举单位，由职工直接选举产生。规模较大、管理层次较多的企事业单位的职工代表，可以由下一级职代会代表选举产生。

5.选举、罢免职工代表，应当召开选举单位全体职工会议，会议应有2/3以上职工参加。选举、罢免职工代表的决定，应经全体职工的过半数通过方为有效。

依法终止或者解除劳动关系的职工代表，其代表资格自行终止。

6.职工代表实行常任制，职工代表任期与职代会届期一致，可以连选

连任。职工代表出现缺额时，原选举单位应按规定的条件和程序及时补选。

（二）职工代表的权利与义务

1.职工代表享有下列权利：

（1）选举权、被选举权和表决权；

（2）参加职工代表大会及其工作机构组织的民主管理活动；

（3）对企业领导人员进行评议和质询；

（4）在职代会闭会期间对企业执行职代会决议情况进行监督、检查。

2.职工代表应当履行下列义务：

（1）遵守法律法规、企业规章制度，提高自身素质，积极参与企事业单位民主管理；

（2）依法履行职工代表职责，听取职工对企业生产经营管理等方面的意见和建议，以及涉及职工切身利益问题的意见和要求，并客观真实地向企业反映；

（3）参加企业职代会组织的各项活动，执行职代会通过的决议，完成职代会交办的工作；

（4）向选举单位的职工报告参加职代会活动和履行职责情况，接受职工的评议和监督；

（5）保守企业的商业秘密和与知识产权相关的保密事项。

3.职工代表向选举单位的职工负责并报告工作，接受选举单位职工的监督。

4.职工代表履行职责受法律保护，任何组织和个人不得阻挠和打击报复。职工代表在法定工作时间内依法参加职代会及其组织的各项活动，企事业单位应当正常支付劳动报酬，不得降低其工资和其他福利待遇。

六、职工代表的活动方式

（一）职工代表会前、会中和会后活动的主要内容

1.会前活动。职工代表在职代会会前活动主要是为参加、开好职代会

做好充分的准备工作。具体内容和流程如下：一是熟悉材料，要认真阅读研究提前发给职工代表的各项审议的方案、文件，了解和掌握大会中心议题；二是调查研究，围绕大会中心议题进行调查研究，通过召开座谈会等形式，广泛听取所在单位职工的意见和建议，并进行综合整理；三是反映意见，将综合整理好的意见和建议，以口头或者书面形式反映给所在职工代表团（组）；四是提出提案。

2.会中活动。会中活动的具体内容和流程如下。一是参加预备会议，听取并审议职代会主席团名单、大会秘书长名单、代表资格审查委员会关于代表资格的审查报告、大会议题、大会议程和其他需要确认的事项。二是参加正式会议，认真听取企事业单位领导在职代会上所作的工作报告，有关方案的说明。三是做好讨论发言的准备，最好写出发言提纲。四是积极参加各项议案的讨论。在讨论会上敢于、善于表达职工的意见与建议，畅所欲言，充分发表意见。五是根据职代会议程，经过充分思考，认真负责地行使职工代表的权利。

3.会后活动。会后活动是职工代表参加职代会全过程的最后阶段。会后活动的重点工作，就是要贯彻落实职代会的各项决议。具体内容和流程如下：一是主动向所在单位职工群众汇报、宣传职代会所通过的决议或做出的决定；二是广泛收集职工群众对职代会通过的各项决议、决定的意见，向所在职工代表团（组）反映；三是要以身作则，用自己的实际行动影响和带动职工群众贯彻落实职代会的决议和决定。

(二) 职工代表的调查研究

1.融入职工群众，倾听意见与建议。了解职工工作和生活现状，倾听职工群众的心声，询问职工群众的需求，收集职工群众对企业的意见和建议，与他们开展"面对面、心贴心"的交流。

2.拜师求教，从职工中汲取知识和力量。认识与观察问题，思考与分析问题，不光要对选举自己的职工负责，也要从更高的角度，从企事业单位的角度，从党和国家的大局来认识与看待问题。所以，必须更多地听取身边职工群众的意见与建议。这样做，一是帮助自己开阔思路，集中大家的意见；二是对职工群众的尊重；三是责无旁贷，职工代表有责任有义务广泛听取职工意见。

3.取人之长，补己之短。别人先进的、成功的经验，我们也可以拿来解决自己的问题。学习借鉴别人的经验，将一些成功的做法移植过来，可以少走一些弯路，在一定程度上会有事半功倍的效果。

4.讲究方法，不断提升调研水平。一是实地调查；二是问卷调查；三是抽样调查；四是会议调查；五是访谈调查；六是查阅文献资料。

第二节　职代会的职权

职代会的职权主要有审议建议权、审查同意或否决权、评议监督权、民主推荐或民主选举权等。准确认识和把握职代会的职权并按规范的程序实施，有利于职代会职权的落实。

一、法律法规关于职代会职权的规定

（一）《企业法》相关内容

《企业法》规定：国家保障职工的主人翁地位，职工的合法权益受法律保护。职工代表大会行使下列职权：听取和审议厂长关于企业的经营方针、长远规划、年度计划、基本建设方案、重大技术改造方案、职工培训计划、留用资金分配和使用方案、承包和租赁经营责任制方案的报告，提出意见和建议；审查同意或者否决企业的工资调整方案、奖金分配方案、劳动保护措施、奖惩办法以及其他重要的规章制度；审议决定职工福利基金使用方案、职工住宅分配方案和其他有关职工生活福利的重大事项；评议、监督企业各级行政领导干部，提出奖惩和任免的建议；根据政府主管部门的决定选举厂长，报政府主管部门批准。车间通过职工大会、职工代表组或者其他形式实行民主管理；工人直接参加班组的民主管理。

(二)《劳动合同法》相关内容

《劳动合同法》规定：用人单位应当依法建立和完善劳动规章制度，保障劳动者享有劳动权利、履行劳动义务。用人单位在制定、修改或者决定有关劳动报酬、工作时间、休息休假、劳动安全卫生、保险福利、职工培训、劳动纪律以及劳动定额管理等直接涉及劳动者切身利益的规章制度或者重大事项时，应当经职工代表大会或者全体职工讨论，提出方案和意见，与工会或者职工代表平等协商确定。

(三)《职工代表大会条例》相关内容

《职工代表大会条例》规定，职工代表大会行使下列职权。定期听取厂长的工作报告，审议企业的经营方针、长远和年度计划、重大技术改造和技术引进计划、职工培训计划、财务预决算、自有资金分配和使用方案，提出意见和建议，并就上述方案的实施作出决议。审议通过厂长提出的企业的经济责任制方案、工资调整计划、奖金分配方案、劳动保护措施方案、奖惩办法及其他重要的规章制度。审议决定职工福利基金使用方案、职工住宅分配方案和其他有关职工生活福利的重大事项。评议、监督企业各级领导干部，并提出奖惩和任免的建议；对工作卓有成绩的干部，可以建议给予奖励，包括晋级、提职；对不称职的干部，可以建议免职或降职；对工作不负责或者以权谋私，造成严重后果的干部，可以建议给予处分，直至撤职。主管机关任命或者免除企业行政领导人员的职务时，必须充分考虑职工代表大会的意见。职工代表大会根据主管机关的部署，可以民主推荐厂长人选，也可以民主选举厂长，报主管机关审批。还规定：职工代表大会对厂长在其职权范围内决定的问题有不同意见时，可以向厂长提出建议，也可以报告上级工会；在职工代表大会上，可以由厂长代表行政、工会主席代表职工签订集体合同或共同协议，为企业发展的共同目标，互相承担义务，保证贯彻执行。

(四)《企业民主管理规定》相关内容

1.《企业民主管理规定》第十三条规定职工代表大会行使下列职权。

(1) 听取企业主要负责人关于企业发展规划、年度生产经营管理情况,企业改革和制定重要规章制度情况,企业用工、劳动合同和集体合同签订履行情况,企业安全生产情况,企业缴纳社会保险费和住房公积金情况等报告,提出意见和建议;审议企业制定、修改或者决定的有关劳动报酬、工作时间、休息休假、劳动安全卫生、保险福利、职工培训、劳动纪律以及劳动定额管理等直接涉及劳动者切身利益的规章制度或者重大事项方案,提出意见和建议。

(2) 审议通过集体合同草案,按照国家有关规定提取的职工福利基金使用方案、住房公积金和社会保险费缴纳比例和时间的调整方案,劳动模范的推荐人选等重大事项。

(3) 选举或者罢免职工董事、职工监事,选举依法进入破产程序企业的债权人会议和债权人委员会中的职工代表,根据授权推荐或者选举企业经营管理人员。

(4) 审查监督企业执行劳动法律法规和劳动规章制度情况,民主评议企业领导人员,并提出奖惩建议。

(5) 法律法规规定的其他职权。

2.《企业民主管理规定》第十四条规定,国有企业和国有控股企业职工代表大会除按第十三条规定行使职权外,行使下列职权:

(1) 听取和审议企业经营管理主要负责人关于企业投资和重大技术改造、财务预决算、企业业务招待费使用等情况的报告,专业技术职称的评聘、企业公积金的使用、企业的改制等方案,并提出意见和建议;

(2) 审议通过企业合并、分立、改制、解散、破产实施方案中职工的裁减、分流和安置方案;

(3) 依照法律、行政法规、行政规章规定的其他职权。

（五）《关于在国有企业、集体企业及其控股企业深入实行厂务公开制度的通知》相关内容

中共中央办公厅 国务院办公厅《关于在国有企业、集体企业及其控股企业深入实行厂务公开制度的通知》（2002 年）有如下内容。要求按照有关规定，认真落实职代会的各项职权。要通过实行厂务公开，进一步完善职代会民主评议企业领导人员制度，坚持集体合同草案提交职代会讨论通过，企业业务招待费使用情况、企业领导人员廉洁自律情况、集体合同履行情况等企业重要事项向职代会报告制度，国有及国有控股的公司制企业由职代会选举职工董事、职工监事制度等，不断充实和丰富职代会的内容，提高职代会的质量和实效，落实好职工群众的知情权、审议权、通过权、决定权和评议监督权，建立符合现代企业制度要求的民主管理制度。

（六）《关于在企业改制重组关闭破产中进一步加强民主管理工作的通知》相关内容

全国总工会《关于在企业改制重组关闭破产中进一步加强民主管理工作的通知》规定：改制重组关闭破产企业工会要监督企业坚持和完善职工代表大会制度，在改制重组关闭破产中严格履行民主程序。《国务院办公厅转发〈国资委关于进一步规范国有企业改制工作实施意见〉的通知》（国办发〔2005〕60 号）规定，国有企业实施改制前，原企业应当与投资者就职工安置费用、劳动关系接续等问题明确相关责任，并制订职工安置方案。职工安置方案必须经职工代表大会或职工大会审议通过，企业方可实施改制。职工安置方案必须及时向广大职工群众公布，其主要内容包括：企业的人员状况及分流安置意见；职工劳动合同的变更、解除及重新签订办法；解除劳动合同职工的经济补偿金支付办法；社会保险关系接续；拖欠职工的工资等债务和企业欠缴的社会保险费处理办法等。

二、职代会的职权在实际工作中的把握

综合上述法律法规和政策文件规定，职代会的职权可归纳为审议建

议、审议通过、审查监督、民主选举、民主评议等职权。六部委 2012 年联合下发《企业民主管理规定》以后，多数单位在职代会职权方面认真执行了这一规定。

（一） 审议建议权方面

下列事项应当向职代会报告，接受职代会审议，听取职代会代表的建议。

1.企事业单位的发展规划、基本建设方针方案、重大技术改造方案、财务预决算方案、年度经营管理情况和重要决策。

2.企事业单位制订、修改、决定直接涉及职工切身利益的规章制度或者重大事项。

3.与企事业单位就职工工资调整、经济性裁员、群体性劳动纠纷和生产过程中发现的重大事故隐患或者职业危害等事项进行集体协商的情况。

4.代表大会联席会议协商处理的事项及工作机构关于民主管理的工作情况。

5.集体及其控股企事业单位财务预决算，重组改制方案和重大改革措施，申请破产或者解散等重要事项。

6.单位的财务预决算、重大改革改制方案等重要事项。

7.法律法规规定或者企事业单位与工会协商确定应当向职代会报告的其他事项。

（二） 审议通过权方面

下列事项应当向职代会报告，并由职代会审议通过。

1.劳动报酬、工作时间、休息休假、保险福利等事项的集体合同和集体合同履行情况。

2.工资调整机制、女职工权益保护、劳动安全卫生等专项集体合同草案。

3.集体及其控股企业的薪酬制度、福利制度、劳动用工管理制度、职工教育培训制度和方案、改革改制中涉及的职工安置方案，以及其他涉及职工切身利益的重要事项。

4.单位的职工聘任、考核奖惩办法，收益分配的原则和办法，职工生活福利制度，改革改制中涉及的职工安置方案，以及其他涉及职工切身利益的重要事项。

5.法规规定或者企事业单位与工会协商确定应当提交职代会审议通过的其他事项。

（三）审议决定权方面

部分企事业单位职代会仍坚持审议决定职工福利基金使用方案、经济适用房配售方案和其他有关职工生活福利的重大事项。

（四）评议监督权方面

1.以下事项应当向职代会报告，并接受审查监督：职代会提案征集与处理落实情况；职代会审议通过的重要事项落实情况；劳动安全卫生标准执行、社会保险费交缴、职工教育培训经费提取使用等情况；法律法规规定或者企事业单位与工会协商确定应当向职代会报告并接受审查监督的其他事项。

2.以下人员应当接受职代会的民主评议：国有、集体及其控股企业的高级管理人员，事业单位负责人，董事会和监事会中的职工代表；法律法规规定或者企事业单位与工会协商确定应当接受职代会民主评议的其他人员。

（五）推荐选举权方面

1.集体企业依照法律规定实行民主管理。职代会是集体企业的权力机构，由其选举和罢免企业管理人员，决定经营管理的重大问题。

2.公司制企业：董事会和监事会中的职工代表。

3.各种企业的下列人员应当由职代会民主选举产生：职代会主席团成员；职代会各专门工作委员会（小组）成员；法律法规规定或者企事业单位与工会协商确定应当由职代会民主选举产生的其他人员。

第二章

职代会提案的基本知识与顶层设计

　　要做好职代会提案工作，组织好提案征集、审理立案工作，协调好有关部门处理落实提案，首先应该了解与掌握职代会提案的基本概念及其在职代会工作中的地位与作用，把握好提案基本内容、提出方式与立案原则，做好提案工作的顶层设计。

第一节　职代会提案的基本知识

了解和掌握职代会提案的概念和基本知识，认识其在职代会工作、企业民主管理和工会工作中的地位与作用，是做好职代会提案工作的基础与前提。

一、职代会提案

职代会提案是职代会制度的重要组成部分。它是职工代表在广泛征集职工意见和调查研究的基础上，就企事业单位（包括学校、医院、文化事业单位等，下同）生产经营管理、改革和创新发展等重大问题及职工普遍关心的重要问题，按照规定程序提请职代会讨论审议的意见和建议，是职工代表履行职责、行使民主管理权利的重要形式，是职工代表参与管理、促进企事业单位决策民主化、科学化和改革创新发展的重要途径和平台。工会组织和企事业单位对职代会提案应给予高度重视。

提案工作的指导思想是充分发扬民主，广开言路，集中大家的智慧，广泛征求职工代表对企事业管理、改革、建设、创新发展的意见和建议，不断提高提案质量；督促提案的处理和落实，提升提案办理效率和处理工作水平，为推动企事业各方面工作服务。

二、职代会提案与职代会的建议

在职代会上，职工代表填写了提案表，不一定就能成为提案。因为职代会提案的征集、审理立案、处理落实有一套完整的程序。一般情况下，提案表要经过代表团的初步审议，提案审理委员会按照立案的原则正式审议之后，才能确定是否立案。不能立案的，一般情况下会作为建议，转交行政有关部门处理；若所提的问题不符合要求，提案审理委员会一般应和当事人沟通以后，退还本人。

在一些民主管理工作基础好的单位，职代会提案的审理立案问题，常常会交由党政领导班子会议集体研究。这样做是对职工主人翁地位的尊重，也因为提案中会涉及政策规定、资金的投入等重大事项。

未被立案处理的提案虽然在多数情况下被作为建议处理，但仍是由职工代表（提案人及附议人都是职工代表）提交的，而企事业单位的合理化建议只要是职工都可以提。

三、职代会提案与合理化建议

（一）企业合理化建议

1.广义的合理化建议。企业职工提出的合理化建议，从字面上看，是合理的建议。广义地讲，只要是合理的建议、合乎规定和政策的建议与意见，都可以视为合理化建议。

2.狭义的合理化建议及其主要内容。国务院 1986 年 6 月 4 日修订下发《合理化建议和技术改进奖励条例》第二条对合理化建议和技术改进定义如下："本条例所称合理化建议，是指有关改进和完善企业、事业单位生产技术和经营管理方面的办法和措施；技术改进，是指对机械设备、工具、工艺技术等方面所做的改进和革新。合理化建议和技术改进的内容是：（一）工业产品质量和工程质量的提高，产品结构的改进，生物品种的改良和发展，新产品的开发；（二）更有效地利用和节约能源、原材料，以及利用自然条件；（三）生产工艺和经验、检验方法，劳动保护、环境保护、安全技术，医疗、卫生技术，物资运输、储藏、养护技术以及设计、统计、计算技术等方面的改进；（四）工具、设备、仪器、装置的改进；（五）科技成果的推广，企业现代化管理方法、手段的创新和应用，引进技术、进口设备的消化吸收和革新。"第三条："对提合理化建议和技术改进者的奖励，实行精神鼓励与物质奖励相结合的原则。"

（二）合理化建议工作的组织领导与工作程序

1.合理化建议工作的组织领导。全国总工会和原国家经委文件规定，合理化建议的技术改进评审委员会由总工程师（或生产技术副厂长）、工会主席、总会计师、总经济师及有关部门的负责人等管理人员组成。较大的企业、事业单位，可根据需要和本单位具体情况，在分厂或车间设评审小组。较小的企业、事业单位可仅设评审小组。合理化建议和技术改进活动的组织发动工作由工会负责。在评审委员会或评审小组之下应设立或指定相应的日常机构或专管人员，负责合理化建议和技术改进项目的征集、登记、整理、传递、存档等日常工作。

2.合理化建议的评审、奖励与相关要求。合理化建议和技术改进项目，须由建议者首先填写《合理化建议和技术改进项目登记表》，必要时应附有图纸、数据、资料等。从填表之日起，项目提出者即有义务向接受建议的单位详细说明情况、回答问题。企业、事业单位收到《合理化建议和技术改进项目登记表》后，应及时责成本单位有关业务部门对项目进行评议，做出是否应当采纳的结论。一般项目的结论不得超过一个月，重大项目不得超过三个月。有关业务科室做出结论后，应将《合理化建议和技术改进项目登记表》连同作结论的说明送交委员会或评审小组审批，并及时给建议提出者明确的答复。答复的期限一般项目不得超过一个月，重大项目不得超过三个月。采纳单位关于奖励的评审工作，应首先由有关业务部门对年节约或创造价值进行计算或评分。评审委员会或评审小组须每年向职代会报告合理化建议和技术改进的采纳、实施、奖励等工作的情况，并回答代表提出的问题，评审委员会或评审小组须接受职代会的监督、检查，保证评审工作的公平和效率。

（三）职代会提案与企业合理化建议的共同点与不同点

1.合理化建议与提案的共同点。建议，通常是指一个人或一个组织就某项工作、某件事情对他人或其他组织提出自己的见解或意见。企业的合理化建议，是广大职工发扬主人翁精神，参与企业的改革与管理，提出的意见与建议。而提案在具有以上内涵的同时，是通过职代会提出的，是职工代表行使民主管理权利的一个渠道、载体与平台。合理化建议与职代会提案的共同点表现在：一是都是职工关心企事业单位，对企事业单位管理、改革、创新、职工生活等方面的意见与建议；二是都是要经过一定的工作程序来处理落实的事项；三是工作开展的情况都要向职代会报告，接受职代会的评议和监督；四是都是由工会承担组织协调的一些工作。

2.合理化建议与提案的不同点。一是提出人的主体不同。职代会提案的提出人是职工代表（提案人及其附议人都是职工代表），而合理化建议的提出者可以是企业全体职工。二是关注点有差异。合理化建议在实际工作中可能涉及生产、技术革新、经管方面的事项会多一些，而提案在涉及以上方面内容的同时，因涉及职工代表的民主管理权利，可能会有涉及职工政治利益维护方面的事项和内容。

第二节　职代会提案的形式、内容和立案原则

在职代会提案工作中，把握提案立案的原则、内容与形式，对于职工代表提出高质量的提案，对于工会与提案委员会的征集工作及提案委员会的提案审理立案工作，有着重要作用。

一、职代会提案的内容和形式

提案的内容应是关系企业生产经营和职工切身利益的、需要职代会讨论立案解决的重要问题。提案的形式主要是指提案以什么样的方式方法提出，如何提出。

（一）职代会提案的形式

职工代表提案一般要以书面形式提出，也可以通过单位门户网站中的

提案征集处理平台提出。

1.职工代表提案由三部分组成。一是案由，即提案的题目，抓住关键与要害，简明扼要说明需要解决的问题。二是案由分析，要阐明提出提案的理由、原因或根据。调查充分的提案，须附有详细的调查材料。三是建议和措施，要提出解决问题的主张和办法。

2.提案必须是一事一案。一案多事，一是说不清楚，二是不利于部门的办理落实。

3.提案应在提案委员会统一印发的表格上书写，必须字迹工整，符合规范。允许另附页补充，也可在工会网站下载表格填写打印。

4.提案人、附议人均须签名。

5.提案应经所在代表团初审。

(二) 职代会提案的提出方式

职工代表提案可以在大会期间提出，也可以在闭会期间提出，目前大部分单位职代会的提案主要是在会议前夕和会议期间提出。

1.大会前夕和会议期间提出。职工代表在职代会筹备和会议期间提出提案的方式主要有以下几种。一是职工代表个人提出。以职工代表个人的名义填写提案表提出，本人签字。二是一位职工代表提议，另一位职工代表或者另两位职工代表附议，提议人与附议人都要签字。三是几位代表联合提议，每个人都要在提案人栏目里填上自己的名字。四是代表团（组）集体提议，在提案人栏目填上××代表团（代表组）。若是大的企业集团，代表团里面又分若干代表组，代表组提出提案，则在提议人栏目，应该写××代表团×代表组。五是专门委员会集体提议，以职代会专门委员会的名义集体提出提案。因为专门委员会是相对松散的组织，这方面的提议不多。

职代会会前和会议期间，组织职工代表提出提案，是提案征集的主要渠道和方式。

2.闭会期间提出。对于职工代表在职代会闭会期间提出提案，多年前已经有一些单位进行了积极的探索与实践。近年来，随着基层民主政治建设的加强、现代传媒方式的高速发展和广泛应用，职工代表在大会闭会期间提出提案的问题得到了强化。提出的方式，以职工代表个人的名义提出的居多。职工代表在日常的生产工作中，以主人翁的精神和姿态，认真观察和分析企业管理、改革和发展中存在的问题，广泛听取职工群众的意见和呼声，经过自己的分析，提出自己的意见和建议，是很好的行为，是职工代表在职代会闭会期间积极履行代表职责、切实发挥在日常民主管理工作的作用、参与企业的民主管理和民主监督的具体方式之一。

（三）职代会提案的内容

1.对提案内容的把握。提案的内容，有关法律法规没有明确具体的规定，在实际工作与应用中，属于单位职权范围内的下列问题可作为提案的内容：有关贯彻执行党和国家的路线、方针、政策和法律法规的建议与意见；有关改革、创新和发展的建议与意见；有关经营管理、营销、科研、规章制度、工资分配与人事制度、生活福利、人才队伍建设等方面的工作建议和意见；职工普遍关心的问题的建议和意见；单位有能力近期可以解决的问题的意见与建议；其他方面的意见与建议。

2.下列内容不应作为提案提出：不符合党和国家方针、政策、法律、法规的问题；涉及国家机密的问题；不属单位职权范围内的问题；属于应向有关部门或信访部门反映的及只涉及个别人具体困难的问题；其他方面的问题。

二、立案的原则

（一）立案的原则

职工代表提出符合职代会提案内容的意见与建议，原则上都是可以立案的。但是在实际工作中，有的提案虽然案由提得挺好，叫得挺响亮，但是具体的内容过于简单，没有具体的、进一步的陈述，更没有相关的一些资料，所以在实际上很难列为提案。就立案的原则而言，应该把握三点。

1.符合党的方针政策和国家法律法规及上级有关文件要求的问题。这一条必须坚持，毋庸置疑，是底线、红线，不能踩踏。

2.大家普遍关心的大事或热点问题，共性的、涉及多数人利益的问题。职工代表个人的问题、个别人的问题、个性的局部问题，不应该立案。

3.企业有能力近期可以解决的问题。企业短时间解决不了，立了案就是对职工代表不负责任，是糊弄代表，这一类问题也不应该立案。

（二）立案中对数量的把握

在实践中，职代会立案的数量上往往会有较大的差异。比如，在一个企业集团，每个单位各自的提案征集处理办法基本一致，结果一个单位职代会提案立案 90 多件，另一个单位只有 10 多件。立案多的单位原来常年是 50 件左右，有一年因为职工代表在对职代会工作进行评议时，给予了较高的评价，特别是对提案征集处理报告评价最好。于是总经理要求提案审理委员会在审理提案时多立案。另一个单位坚持只对涉及全局性的重大事项、大家普遍关心的问题立案，因此每年的立案数都在 20 件之内。应该说两种认识与做法都有道理。职工民主管理只是参与管理，对职工代表在业余时间提出提案的质量也不要苛刻。有的单位征集到的提案本来就不多，再要求过高，立案就会过少。立案少，可能会对提案人的积极性产生不良影响，给提案工作带来消极因素。

三、提案工作中各方责任关系

企事业工会、行政、职工代表、职代会提案委员会与职代会代表团（组）在提案工作中，分别承担着各自的责任。五者的职责与关系大致如下：

1.企事业工会高度重视职代会提案工作，指导协调提案审理委员会工作，督促行政做好提案工作；

2.行政负责提案处理工作，将处理落实情况向提案人通报，向职代会报告；

3.职工代表在调查研究、分析思考的基础上，认真负责地提出高质量的提案；

4.职代会提案审理委员会做好提案的审理立案工作，检查监督行政处理落实情况；

5.职代会代表团（组）积极组织代表提出高质量提案，也可以代表团（组）名义集体提出。

在提案征集与处理工作中，企业行政与工会包括提案审理委员会在某种意义上讲处于中心与主导地位。职工代表提出高质量的提案是重要的，各个代表团（组）的组织工作、代表团（组）的重视与支持是重要的，提案审理委员会的积极努力工作是重要的。但是，提案审理委员会在某种意义上讲是一个松散的组织机构，全部是兼职人员，没有工会组织的重视与积极支持、没有工会委员会在人力物力上帮助与指导，提案审理委员会的工作是难以顺利进行的。企业行政作为承办提案的责任主体，地位最为重要。因为，若提案处理工作不力，职工代表好的意见与建议得不到有效的落实，不仅影响当次职代会提案处理落实的效果，而且是对职工代表主人翁地位的不尊重，也影响职工代表的积极性，进而影响下次职代会提案的质量。试想，若代表认真提了提案，看到答复处理意见纯粹是搪塞，谁还会再去认真地调查研究提出提案呢。所以说，企业行政在提案处理落实工作中承担着重要的责任，起着至关重要的作用，有着重要的影响。

第三节　职代会提案委员会的建设与顶层设计

在推进职代会提案工作中，我们要深入认识与把握提案委员会的（提案审理委员会、提案工作委员会等，下同）性质、职责、任务，强化提案工作的基础建设与顶层设计，建立好一个合理有效的工作机构。

一、职代会提案工作的顶层设计与提案委员会的名称

职代会提案工作机构的名称是重要的，因为它不仅是一个名称，更是一个组织的定性，涉及管理者与主导部门的指导思想与理念，关系着其承担的职责和任务。职代会提案工作机构的名称是向职工代表和广大职工告知，谁是职代会提案处理落实工作的责任主体和主要承担者。在职代会提案制度建设与设计时，若新建立职代会制度，或者在职代会改选换届时，应尽可能做得完备些。从理论上讲、从职代会的职责与作用发挥的方面考虑，职代会关于提案的专门委员会，应该叫提案审理委员会，主要职责是审理立案及对处理落实情况进行检查监督。在实践工作中，一些民主管理搞得好的单位和基层民主政治建设方面搞得好的组织，也是这么做的。但从多方认知相对统一、从实际运行中效果分析、从普遍能接受的角度和做法来看，职代会提案工作委员会似乎更合现状。

（一）提案审理委员会

职代会是职工行使民主管理权力的机构，主要是维护职工的经济和政治权益，其工作的主要关系方是企业。就职代会提案而言，工会作为职代会工作机构，其主要职责是作好征集工作并对处理情况进行监督，处理与落实的责任主体是企业行政。职代会成立提案审理委员会，主要任务是对职工提案进行征集与审理。职代会提案作为职工代表参与管理的一种形式与载体，也主要是相对于企业行政的。职代会成立专门机构，对职工代表的提案进行审理，提出立案的意见，确定哪些交由企业及时解决，哪些只是一般性的建议供行政部门参考，哪些提的不确切给予一些解释。这样提案审理委员会原则上就完成了提案工作第一阶段的任务，也是其一个年度中主要的工作任务。对提案后期的处理落实工作，提案审理委员会主要是组织职工代表对行政部门处理落实提案的情况进行监督检查，并给予一定的协助与支持。

（二）提案工作委员会

提案工作委员会是目前企业职代会组织体系建设中较为常见的部门。

它是把职代会的组织和工作机构与企事业单位（包括医院、学校等）行政负责处理落实职代会提案工作机构统一起来，成为一个一体化的组织机构。单位职代会的提案工作委员会，其主要负责人一般都是行政的副职。

（三）提案委员会及其他名称

提案工作机构的名称中，除了以上两种以外，还有提案委员会、提案工作组等名字。名称的不同，直接关系着其工作范围与职责的界定。提案委员会基本上与提案工作委员会的职责分工相同。

职代会提案组这个名称，从道理上是讲得通的。因为职代会条例规定，职代会可以成立若干委员会，也可成立若干小组。一些人员较少、提案工作量较小的单位，职代会就会成立包括职代会提案组在内的若干专门工作小组，负责相应的工作。若职代会成立包括提案组在内的若干小组（一般加上评议组等两三个小组），实践中要把握的是把职代会的几个组与工会和行政在筹备职代会过程中成立的几个筹备组区别开来（有的单位在成立职代会筹委会的同时，成立包括提案组、会务组、宣传组在内的若干筹备小组）。

二、提案委员会的职责

（一）提案审理委员会的职责

提案审理委员会的职责同提案委员会或者提案工作委员会的职责大致相同，主要负责提案的征集、审理立案、检查监督，企业行政负责提案的处理落实。

（二）提案委员会的职责

提案委员会的职责大致有以下几个方面。一是制定各次职代会全体会议期间提案工作方案。二是负责征集审理提案，对征集的提案进行分类整理、审查，提出立案意见，征求党政领导和有关部门的意见后，将立案的提案，转交承办单位办理。三是经审查立案的提案，向提案人发出通知书，说明该提案已被采纳立案。对未立案的提案，向提案人进行解释说明。四是督促承办单位认真办理提案，检查反馈提案落实情况，征求提案人对提案处理结果的意见。五是对提案的处理落实情况进行检查监督，发现与协调解决存在的问题，根据实际需要，组织提案人与承办单位交流沟通。六是定期向职代会报告提案征集、审查、答复和落实情况。七是组织评选"优秀提案"和"提案办理先进单位"。

三、提案委员会的组建与人员构成

（一）提案委员会的组建

在筹备召开职代会的过程中，同职代会的生活福利、评议监督领导人员等委员会一样，提案委员会应该与职代会组建或者改选换届同步进行。

（二）提案委员会的人数与成分

1.提案委员会的人数。提案委员会成员以多少人为宜，《企业民主管理规定》等法规中没有明确的规定。

（1）企业集团的提案委员会人数可以稍微多些。根据多年来许多单位的实践，大的单位、大的企业集团，提案委员会人数可以同其他委员会的设置一样，稍微多一些，但以不超过10人为宜。也有个别单位提案委员会的人数特别多。如有企业集团的提案委员会成员有近30人，原因是他们认为，职代会的提案涉及职工民主管理权力与主人翁地位，涉及企业管理方面的重大决策及职工生活福利事项，涉及企业的投资与更新改造，让企业总部机关的部门负责人参加研究协商，有助于立案的准确性和处理落实工作。

（2）规模小的单位提案委员会人数可以适当少些。职代会规模和职工代表少的单位，提案委员会的成员可以少一些，以5人左右为宜，但不要少于3人。

2.提案委员会中职工代表的成分。职工代表是由企业内部各单位、各系统、各专业部门人员组成的。职工代表一般都是职工群众推选出的优秀分子和杰出人才，大部分是优秀班组长、劳动模范、技术能手等人员。提案委员会的成员同职代会的其他专门委员会的成员一样，主要由职工代表组成。提案委员会中的职工代表，原则上也应该从劳动模范、优秀班组长、技术能手中选择。但从承担任务的重要性和责任考虑，在坚持总的原则和方向的同时，可以重点从从事综合管理、劳模创新工作室等方面的人员中挑选。若委员会超过5人，应尽可能考虑有管理经验、专业知识等人员参与，使委员会成为一个管理经验与企业各项技术知识结构互补、各方面人员成分互补的团队，这样能够有效促进提案工作，特别是审理立案工作。当然，这些是职代会组织筹备中提案委员会的基本指导思想与工作思路，具体的组织与实施要遵从民主管理的程序与大会选举的具体规定。

3.职工代表与专业人员。依照《企业民主管理规定》，不管提案委员会、提案审理委员会或者提案工作委员会，其组成人员都应以职工代表为主，可以聘请少数专业人员参与（不超过总数的1/3为宜）。所有成员都要经过职代会选举产生。少数专业人员，到底应该是什么样的人员？有关的法规没有具体的规定，省市级《民主管理条例》及市级的有关民主管理的文件中也少有具体的规定，要我们在实践中去认识和把握。根据多地的经验与做法，提案委员会聘请的非职工代表的专业人员，一般从规划（计划）、企业管理（战略规划）部门的专业人员中选择。若委员会人数在10人左右甚至更多，可以考虑从人力资源、财务等部门的专业人员中进行选择。

四、提案委员会主任委员

（一）提案委员会主任委员与副主任委员的设置

对于人数少的提案委员会，设置一位主任委员即可。特别是有的提案委员会及其他委员会，只有3个人，那么就不能再设置副主任委员。对于7人左右的提案委员会，可以设置1至2名副主任委员。提案委员会及其他的专门委员会设多少名委员，是否设置副主任委员以及专门委员会人选如何具体产生，应该由大会筹委会来提出意见，报请企业党组织研究。

（二）提案委员会主任委员与副主任委员的人选

研究与提出提案委员会主任与副主任委员的具体意见，要根据委员会的名称来具体思考与操作。

1.提案审理委员会的领导人选。定名为提案审理委员会的单位，一般情况下都是大一些的单位或者企业集团。若负责职代会提案方面工作的委员会定名提案审理委员会，在提出该委员会的主任时，可首先考虑推荐工会的副主席作为候选人建议人选，也可考虑推荐工会主席作为候选人建议人选；若是企业集团、工会组织机构相对较大、工会干部人员众多，也可考虑由工会的部门负责人作为候选人建议人选。其原因与理由之一，就是有利于工会作为职代会工作机构作用的发挥（职代会其他专门委员会中多数也是由工会干部担任的）。若工会副主席或者工会部门负责人作为提案审理委员会主任委员的候选人，则一般情况下，都会要配备一到两名提案审理委员会副主任委员。提案审理委员会副主任委员的候选人，可考虑从企业综合部（总经理办公室）、企业计划（规划）部门的副职中推荐产生。因为提案涉及投资、法律法规与相关的政策规定，涉及与多个部门沟通与协调，副主任委员从掌握全面情况和有一定权力的部门产生，有利于提案工作的开展和问题的协调解决。

2.提案工作委员会或者提案委员会的领导人选。提案工作委员会或者提案委员会，实际上既是职代会提案征集、审理与检查监督的工作团队，也是企业行政处理落实提案的工作班子。由行政领导人担任提案委员会或者提案工作委员会主任委员的多数是中小企业。如果提案委员会只有 3 到 5 个人，就不要再设立副主任委员了。若大中企业的职代会提案委员会主任委员由行政副职担任，且职代会提案委员会人数也较多，副主任委员的人选可以提名一位工会副主席担任。

(三) 提案委员会主任委员、副主任委员的选举

提案委员会主任委员、副主任委员应同其他委员一样，在职代会上选举产生。在选举委员会委员的同时，选举主任委员和副主任委员（也就是所谓的直选）。有的单位是先选出提案委员会委员，再在委员会会上选举主任委员、副主任委员。这样做，一则麻烦，二则也没有大会上直接选举民主化程度高。委员会届期内如有人事变动，应该及时在下一次大会上进行补选，以确保委员会能够有效地运转，发挥作用。

五、提案委员会的活动与大会提案组

(一) 提案委员会职代会前、会中与闭会期间的活动

1.提案委员会会前的活动。对于职代会提案委员会来说，职代会会前的活动或者工作任务主要有四项。一是组织征集提案并对提案进行初步审理。二是对上次职代会提案的处理落实情况再次进行检查监督，协调解决存在的问题（对于召开首届职代会来说，不存在这个问题）。三是准备向职代会报告上次会议立案的处理落实情况。当次的征集情况，一般应该在筹备工作报告中作为一个问题在预备会议上进行报告。四是参与对有关方案的事前审理。对于职代会与民主管理工作比较规范的单位来说，一般会在职代会前一周左右将行政工作报告、集体合同履行情况报告、提案处理落实情况报告、涉及职工切身利益的重要的规章制度等送交职工代表团和专门委员会，请他们组织职工代表进行事前的讨论审议。这样做，一是对职工群众主人翁地位的尊重，也是为了使企业的决策更加民主科学。在这项工作中，职代会的经营管理委员会、生活福利委员会承担着重要责任，提案委员会也有责任按照统一的要求做好相关工作。

2.会议期间的审理立案工作。提案委员会在职代会会议期间，重点工作是提案的审理，这也是提案委员会整个工作的重头戏。这项工作时间短任务重，事关提案处理落实工作的质量和对职工代表与广大职工主人翁地位的尊重，必须集中精力花大力气做好。而目前有些单位召开职代会时间

越来越短，有的提案委员会主任委员是行政副职、在职代会上还要代表行政作有关报告，因此提案委员会集中讨论审议提案的时间较少。鉴于提案工作的重要性，提案委员会在职代会前，特别是临近召开会议的前一两天，应该集中力量对已经征集到的提案进行审理，初步完成提案的征集与审理工作。会议期间代表是可以提出提案的，但多数已经提过了，一般不会再有太多的提案。

3.职代会闭会期间的工作。提案委员会闭会期间的工作与活动主要有以下方面。一是在职代会结束之后，立即将已经审理立案的提案转交企业各有关部门答复处理，并及时将有关情况向职工代表提案人反映，加强沟通。二是在提案答复处理落实一段时间（一般是半年之后）以后，提请工会协助组织提案委员会成员和职工代表对提案的处理落实情况进行监督检查，及时协调解决存在的问题。提案委员会对提案处理落实情况的检查，可以单独组队进行，也可与工会组织对集体合同履行情况、对厂务公开民主管理工作情况的检查一并进行。开展综合性的活动，可以提高效率、降低成本，给基层单位减少麻烦。

（二）提案委员会与大会提案组

职代会提案委员会成员同其他委员会成员一样，都是兼职。这种情况下，让职代会提案委员会负责提案的全部征集、处理落实与检查监督工作是不现实的，也是不可能做完善的。所以在一般情况下，提案征集的前期工作，由主导职代会筹备工作的工会委员会（工会办公室、组织民管部）负责。有条件的、民主管理基础好的、职代会筹备工作比较得力的单位，可以在成立大会筹备组与各个具体工作小组（会务组、秘书组、宣传组、生活组）时，成立独立的大会提案组，协助提案委员会负责做好提案征集的前期工作。有的单位人员少，职工代表人数不多，成立的具体工作小组少，可以将提案征集工作归入会务组（秘书组），由其协助提案委员会进行前期的工作。有的在筹备组下没有再分具体的小组，可以由筹备组（工会）协助提案委员会做好征集的前期工作。

工作模板与实施方案

××公司第×届一次职代会提案表

代表团			代表姓名		职务	
车间		联系方式				
类别	☐ 安全生产　☐ 经营管理　☐ 生活福利　☐ 其他					
案由						
提案内容及建议方案	（可另附页）					
审查意见	公司职代会提案审理委员会　　　　　　　　　年　月　日					
公司行政领导意见	由　　　　　负责落实，并于　　　　　前答复提案人。 领导签字：　　　　　　　年　月　日					
承办部门处理意见	负责人签字：　　　　　　　　电话：　　　　　年　月　日					

注：1.提案要一事一案，简明扼要；2.表格打印填写，不漏项；3.提案代表要求本人签字。

××公司职工代表大会提案征集与处理办法

（×届×次职工代表大会通过）

为了认真做好提案的征集、审理、立案与处理工作，根据《企业民主管理规定》和《××公司民主管理实施细则》的有关规定，特制定本办法。

（一）职工代表大会（以下简称职代会）提案，是广大职工关心企业发展、主动参与企业管理的一种重要形式，是企业职工当家作主、行使民主管理权利的具体体现。

（二）职工代表受全公司职工的委托参与企业的管理，要本着对企业和全体职工高度负责的精神，站在全局的高度，深入调查研究，就如何搞好企业的改革、创新、发展和稳定，认真负责地提出高质量的提案或建议。

（三）公司职代会提案审理委员会是职代会的组织机构，具体负责职代会提案的征集、审理、立案及对处理情况的检查与监督。

（四）公司所有部门和单位都担负着落实职代会提案的重任，都要按照党中央关于全心全意依靠职工办好企业的要求，尊重职工的民主权利，认真负责地做好属于自己职责权限内的每一件提案、建议的答复、处理、落实工作，虚心接受职代会的检查和监督。提案的处理结果每年由公司行政领导向职代会报告。

（五）提案的内容。职工代表提出提案，应符合党的路线、方针、政策和国家的法律、法规，要有利于促进企业的改革、创新、发展和稳定。提案的内容主要包括安全生产、经营管理、创新发展、作风建设、生活福利、队伍稳定等方面属于公司权限解决的重大问题。

职工代表要认真学习和掌握企业管理知识，不断提高自身素质，不断提高自己的管理能力和参政议政水平，认真负责、有的放矢地提出高质量的提案。

（六）提案的格式。提案必须一事一案，简明扼要，写明案由、问题和解决问题的建议。提案至少需一名职工代表提出，也可由若干名职工代表联合或以代表团（组）的名义提出。职工代表在其选区征集的提案，必须在提案表上签名并对所提提案负责；以代表团（组）名义提出的提案，必须由代表团（组）长签名。提案表一式两份填写上报。

（七）立案的原则。一是属于公司权限范围内能够解决的问题；二是经公司业务部门、综合部门共同确认，有现实可操作性和可行性的问题。其他问题作为建议处理。

（八）有以下情形之一的，不应作为提案上报：不符合党的方针、政策和国家法律法规的问题；分公司可以解决的问题；行政日常工作，应按程序上报审批的问题；重复提出，并已明确答复处理的问题；不符提案格式要求，案由不真实或不充分的问题。

（九）职代会召开期间提案征集和审理的程序。在发出召开职代会通知的同时（会前至少一个月），给职工代表发提案表；职工代表在广泛调查研究、充分征求职工群众意见和建议的基础上，按照有关要求认真填写提案表；职工代表将提案表交给本单位工会，由各分工会将提案汇总报送所属代表团；代表团研究审核后报公司职代会筹委会提案组；公司职代会筹委会提案组对代表团报送的提案进行分析归纳，征求有关方面意见，提出处理的建议；公司职代会提案审理委员会召开全体会议，审议提案组提交的立案建议，按立案原则审理立案。对内容重要、涉及面广的重要提案，要送交大会主席团，由主席团决定是否作为议题提请大会审议；对不符合立案原则的意见和建议，转交有关部门或单位答复。

（十）职代会闭会期间提案征集和审理的程序。在职代会期间，下发职代会闭会期间的专用提案表；职工代表在职代会闭会后的日常工作中，可以围绕企业的改革、创新、发展和稳定，及时提出自己的意见和建议，也可以收集职工群众的意见和建议，按照提案内容要求和立案原则，填写专用提案表，发送公司职代会提案审理委员会，也可在公司工会门户网站上下载提案表，填写后上传提案处理系统；提案审理委员会召开会议，对收集的提案进行分析研究，按立案原则审理立案或作为建议处理。

（十一）提案处理的程序。公司职代会提案审理委员会研究提出每件提案承办部门或单位的建议，转交行政办公室；行政办公室报经主管领导同意后，提交公司办公会研究，而后转有关部门或单位答复处理；承办部门或单位接到提案后，应认真研究解决方案，提出答复处理意见，反馈给提案人，并分送公司职代会提案审理委员会和行政办公室。

凡能够解决的提案，应抓紧予以落实；暂时解决不了的，要订出计划、创造条件逐步落实；因客观原因确实解决不了的问题，应认真负责地向提案人解释清楚。

需要两个以上承办部门共同办理的，由提案审理委员会会同行政办公室确定责任部门和协办部门。责任部门应会同协办部门研究办理，及时提出处理意见，共同做好提案答复处理工作。

（十二）承办提案的部门或单位，自承办之日起，最迟一个月内将答复处理意见发送提案人。

（十三）提案人如对提案处理工作有意见，可向提案审理委员会提出，也可直接向承办部门或代表团提出。

（十四）公司工会组织部协助职代会提案审理委员会作具体工作，并负责提案审理委员会的日常工作。

（十五）公司职代会提案审理委员会应会同公司行政办公室每半年组织职工代表对提案处理落实工作进行一次检查，协调解决提案处理工作中存在的问题。检查的方式一般为：到承办部门或单位听取处理情况的汇报，听取提案人对提案处理工作的意见，调查了解处理落实情况，并就有关问题进行协调。每半年对提案处理落实情况进行一次检查，检查情况向职代会联席会议报告。行政办公室负责对处理工作缓慢的提案下发督办通知单，促进提案的处理落实。

（十六）承办提案的部门或单位，半年对提案处理情况进行一次检查，检查结果向公司主管领导报告，并抄知行政办公室和公司职代会提案审理委员会。落实进度要及时与职工代表进行沟通。

（十七）提案人可随时向提案承办部门或单位查询提案落实情况，现场察看落实进度或查阅相关资料，并定期（一般每季度一次）向公司职代会提案审理委员会反馈关于提案落实的意见和建议。

（十八）公司行政办公室和提案审理委员会根据提案处理落实情况，提出对提案人处理先进单位和优秀提案人进行表彰奖励的建议，由公司行政和工会进行表彰；对处理工作不力的部门或单位，进行通报批评。

（十九）本办法由公司工会负责解释。

（二十）本办法自××公司第×届职代会第×次会议通过之日起实施。

××集团公司职工代表大会提案工作标准

（一）目的和范围

本标准规定了××集团公司（以下简称集团公司）职工代表大会提案的定义、职责、具体要求以及征集、处理工作流程。本标准适用于集团公司职工代表大会提案管理。

（二）定义

1.职工代表大会的提案是指提请职工代表大会讨论、决定、处理的方案和建议。这些方案和建议是由职工代表提出，经职工代表大会提案审查小组审查立案后，确定为职工代表大会的提案。

2.职工代表大会的提案的内容主要是关系企业改革发展、科技创新、生产经营、产品开发、市场销售、劳动关系协调以及职工切身利益的重要问题。

3.职工代表大会提案应以书面形式提出，要有一定的规范性，包括提案的理由、具体要求、整改办法或措施，并由提案人和附议人署名。

（三）职责

1.集团公司工会（以下简称公司工会）。

（1）负责收集、整理、汇总、统计职工代表大会提案；

（2）负责对收到的提案进行审查立案，协商确定承办单位；

（3）负责对提案办理工作进行检查和督促，对办理不符合要求的，及时商请承办单位重新办理；

（4）负责对提案进行综合分析，根据具体情况采取多种形式向公司行政、党委及相关部门、子公司反映重要意见和建议；

（5）负责组织提案工作的宣传报道；

（6）加强与各基层分工会的联系，互通情况，指导基层提案工作。

2.各基层分工会。

（1）负责组织、帮助职工代表或职工群众建言献策，提出具有一定水平的提案；

（2）负责收集、整理、汇总提案，并按指定时间交公司工会；

（3）对需督办的提案进行分析、调研，并提出督办要求。

3.承办部门。

（1）负责认真处理职工代表提出的应该由企业行政处理落实的提案；

（2）接到提案后，及时研究并制订处理落实计划，一个月内要将对提案的处理落实意见和初步情况答复提案人，并同时告知提案委员会与提案人所在代表团；

（3）每季度对提案处理落实情况进行自查，对处理落实中出现的问题及时向领导汇报，促进问题的解决；

（4）年末或下次职代会前对提案处理落实的整体情况进行自查总结，争取提案处理落实的成效最大化，向企业办公室与提案委员会汇报。

（四）基本要求

1.提案应当坚持严肃性、科学性、可行性，围绕企业中心工作和员工普遍关心的问题建言献策；

2.提案须一事一案，实事求是，简明扼要，做到有情况、有分析、有具体的整改办法；

3.提案必须按照规定的格式提交。

（五）职工代表大会提案征集、处理的一般程序

1.发放提案表。一旦作出召开职工代表大会的决定后，公司工会即可发出征集提案的通知，由各基层分会向职工代表发出提案征集表。

2.填写提案表。职工代表收到征集提案的通知后，应积极主动调查、收集、听取周围职工群众的意见和建议，在充分调查和研究的基础上认真填写提案表。

3.收集提案表。按规定的时间，各代表团（组）将收集的本团（组）职工代表填写的提案表汇总，送交工会或提案审查小组。

4.审查和立案。工会和提案审查小组对各代表团（组）上交的提案，进行分类审查，符合立案条件的应予立案，不符合立案条件的提案原则上不退回提案人，但必须向提案人作必要的说明和解释工作，以保护职工群众参政议政的积极性。

审查提案主要是看提案是否符合国家的法律、法规和政策，是否属于职代会的职权范围，有无实施价值与可能，是否符合一人提议，两人附议的规定，符合以上条件的就应予以立案。

5.对提案进行分类登记、落实。工会和提案审查小组应对已审查立案的提案，认真整理、分类登记在册，分别交公司行政、党委领导责成有关部门或子公司负责处理、落实。对有关公司重大问题的提案应提交职工代表大会进行讨论，作为大会的补充议题。

6.工会和提案审查小组对提案的落实情况进行检查和监督，并在下次职工代表大会上报告提案的处理及落实情况。同时对在促进企业中心工作发展中发挥重大作用的提案、对办理提案有显著成绩的承办部门，应以适当方式给予表彰或奖励。

（六）检查与控制

1.由公司工会负责对本标准执行情况进行必要的检查，并对督查过程中所反映的问题进行改进。

2.职工代表大会提案纳入各基层分会年度考核指标。

（七）附则

1.本标准由公司工会负责解释。

2.本标准自颁发之日起施行。

××公司职工代表大会提案委员会工作细则

第一章　总则

第一条　为了充分发挥职代会提案在民主管理、民主参与和民主监督职能中的作用，推进职代会规范化、制度化、程序化建设，特制订本工作细则。

第二条　职代会提案是职代会代表向职代会全体会议提出的，经提案委员会审查、立案，交付有关职能科室办理的书面意见和建议。

第三条　提案工作是职代会工作的重要组成部分，是职代会代表履行职责、行使权力的手段，是激发职工主人翁责任感、积极性和创造性的重要途径。

第二章　提案委员会

第四条　提案委员会是职代会设置的专门工作委员会，负责职代会提案的征集、审理和对提案处理落实情况的检查监督工作。

第五条　提案委员会由主任 1 人，副主任 1 人、委员 3 人组成。提案委员会委员由各代表组协商推荐，经职代会筹委会审议后，提交职代会第一次全体会议预备会通过，任期与职代会届期相同。

第六条　提案委员会的职责。提案委员会的职责为：一是制订各次职代会全体会议期间，提案工作方案和提案委员会年度工作计划；二是依照规定的程序，组织、征集提案；三是对提案进行审查，确定承办职能科室；四是对提案办理进行检查和督促，推动承办科室认真办理；五是对提案进行综合分析，反映重要信息；六是向工会委员会、职代会全体会议报告工作；七是评选优秀提案和办理提案先进科室，报请公司和工会委员会予以表彰。

第七条　提案委员会每半年召开一次全体会议，必要时可随时召集；每年至少开展一次活动，对提案的处理落实情况进行检查监督。

第八条　提案委员会在行政办公室和工会的协助下进行提案的征集、审理、立案、分发、转办、协调工作。

第三章　提案的提出

第九条　下列个人或集体可提出提案：一是职代会正式代表可以个人名义或联名提出提案，一般由 1 名代表提议，2 名或 2 名以上代表附议，方为有效；二是职代会代表团可以代表团名义提出提案；三是职代会专门委员会可以委员会名义提出提案。

第十条　提案选题应当围绕公司改革建设、创新发展和管理等方面的重大问题，围绕涉及职工切身利益的重要规章制度、重大事项以及职工普遍关心的重要问题提出。

第十一条　提案包括案由、内容、建议与办法。提案内容应当实事求是，简明扼要，做到有情况、有分析、有具体建议，一事一案。

第十二条 提案使用统一格式提案表，书写字迹工整。代表联名提出的提案，发起人签名应当列于首位；代表团、专门委员会提出的提案须由代表团团长或专门委员会负责人签字。

第十三条 提案原则上在每年职代会筹备期间提出，也可以在职代会闭会期间提出。

第四章　提案的审查与处理

第十四条 提案委员会本着尊重和维护提案者的民主权利、保证提案质量的原则，对收到的提案进行审查，符合第三章规定的予以立案。有下列情形之一的，不予立案：不符合党的方针政策和国家的法律、法规的；和上级的有关明文规定相抵触的；不属于本公司职权范围内的；属于揭发和举报问题的；纯粹属个人问题的；为本人或亲属解决个人问题的；内容空泛、建议笼统的。

第十五条 职代会每次例会前10天征集提案。超过截止时间的提案不记入大会提案，作为平时提案处理。

第十六条 经审查立案的提案，由提案委员会进行编号、登记造册，根据提案的内容确定承办科室（涉及两个或两个以上承办科室的提案，应当确定主办科室和协办科室），报经公司领导同意后交公司行政办公室发送承办部门（提案委员会积极协助）。经审查不予立案的，可根据不同情况，转送有关科室研究、参考，并于7个工作日内，向提案者说明情况。

第十七条 对公司改革建设、创新发展具有重要价值，反映广大职工普遍关心的重要问题，应及时提请职代会主席团研究，由职代会主席团确定是否提交大会通过作为大会议题；职工代表普遍关心的共性问题，并具有较强可操作性的提案，以及代表团与职代会专门委员会的提案，一般应列为重点提案。

第五章　提案的办理

第十八条 提案的办理是指承办提案的科室根据法律、法规、政策和公司有关规定办理提案，并对提案人的意见和建议作出答复。

第十九条 提案承办科室收到提案后，确定承办责任人，提出处理意见，经主管领导审定后组织落实。

第二十条 承办科室必须在1个月内对提案的办理情况做出书面答复。书面复文要求必须明确答复"已经落实""正在落实""暂缓落实"等意见，并详细说明情况和理由。

第二十一条 提案书面答复由提案承办科室负责人签发。两个或两个以上科室办理的提案，各承办科室可以分别答复，也可以联合答复。

第二十二条 复文完成后，由承办科室将提案表递交第一提案人沟通意见，提案人签署反馈意见后，由承办科室送交提案委员会留存备案。

第二十三条 如果提案人对提案办理结果不满意，提案委员会应建议承办科室重新研究，作进一步的答复。对承办部门作出的努力，提案人也应该给予客观的认识与评价。

第二十四条 对重点提案，提案委员会可采取协商座谈、现场办案、实地考察、专题调研等方式推动提案办理工作。对办理复文中尚需落实或当年不能解决的问题，要继续跟踪，督促落实。

第六章　提案工作的表彰

第二十五条 建立优秀提案和办理提案的表彰机制，激励代表和提案承办科室以强烈的责任心，提出提案和办理提案。

第二十六条 优秀提案须具备下列条件之一：提案的内容紧紧围绕公司改革建设、创新发展和职工普遍关心的重要问题，案由立意高远，提案逻辑清晰、内容丰富，调查数据、资料充分；提案所提出的建议被党政部门采纳，取得良好的效果或产生重要的影响。

第二十七条 提案处理落实工作先进部门与单位的条件是：从贯彻落实党的全心全意依靠工人阶级指导方针的高度认识与理解提案工作，态度积极，措施得力；处理落实效果好，改善生产经营和管理、落实职工生活福利等事项效果显著，提案人与职工群众满意。

第二十八条 提案委员会根据优秀提案和提案处理先进单位的条件提出当年度优秀提案和提案处理先进单位的建议名单，征求公司工会、公司办公室意见后，报经公司和工会领导同意，由公司工会与公司联合表彰奖励，在职代会上进行。优秀提案和提案处理先进单位原则上不超过提案件数和承办单位总数的1/5。

第七章 附则

第二十九条 本工作细则由公司工会委员会负责解释，自职代会通过后实施。

| 第三章 |
职代会提案制度与规范化建设

　　没有规矩无以成方圆，没有规范就谈不上提升与发展。在职代会提案工作中，我们要重视基本制度建设，不断健全与完善工作标准与程序，推动职代会提案工作的规范化发展。

第一节 提案制度建设与规范发展

一、建立提案工作制度的必要性

没有规矩不成方圆。制度是推进工作的基础，是做好工作的前提条件。要做好职代会提案工作，应该建立健全一整套职代会提案工作制度。明确各项具体工作的基础要求、工作程序与评价标准，是非常必要的。

在推进职代会提案工作中，要注重职代会提案的基本制度建设，积极建立健全完善的工作规范，以推动职代会提案工作水平的提高。

二、提案工作基本制度及其内涵

(一) 建立基本制度

建立提案工作的基本制度，对于新组建的单位来说，首要是建立提案征集与处理的基本制度，使提案的征集与处理工作有章可循，有基本的办法与措施便于操作。基本制度可以叫提案工作制度、提案工作实施办法等。无论叫什么名称，都应该有以下几个方面的基本内容：提案的内容与形式、提案的征集与处理、提案的检查监督等。

提案委员会的制度建设可以与职代会实施办法（有的单位叫企业民主管理实施办法）同步制定，也可以在已经有了职代会实施办法以后（多数单位在一般情况下职代会实施办法建立得早一些，同职代会制度同步建立），同职代会代表团长、专委会主任联席会议制度及其他专门委员会的工作制度一并建立。

(二) 系统性建设

职代会提案制度的系统性问题，是对所有建立职代会制度而言的。一个完善的提案工作制度，应该涵盖以下几个方面的内容。

1.提案工作总体要求（总则）：制订提案工作制度的目的意义；对职工代表提案的定性；对职工代表提案工作的总体要求（基本要求与近期或愿景目标）。

2.工作机构（提案委员会）建设。对建立提案委员会的要求；提案委员会的职责与任务；提案委员会的人数；是否设立副主任委员（设立情况下的数额规定）；提案委员会成分、非职工代表的比例（不超过1/3）；提案委员会成员的选举办法（一般情况下主任委员、副主任委员同其他委员同步选举产生）；提案委员会的任期。提案委员会设立的工作流程。

这里要把握和坚持的是，提案委员会同其他委员会一样，职工代表要占多数。《企业民主管理规定》和《职工代表大会条例》规定职代会专门委员会可以聘请少数专业人员担任。但即使聘请，也只能是聘请少数非职工代表。若委员会有五位成员，那么非职工代表最多只能有两人。有的单位职代会提案审查委员会只有三个成员，那么非职工代表只能有一人。

3.提案的提出、收集与整理。提出与征集工作主要应该包括以下几个方面。提案提出的方式，含是否规定附议人，设附议人时规定几个附议人，是否可以联名提出或由代表团组提出；提案的内容，这是一项重点，在一定程度上关系着提案的质量；提案的形式，也就是对文本的要求，要注意与时俱进，创新发展。提案征集的程序。在初步的归纳整理方面，代表团组应及时对收集到的提案进行初步整理，对明显不合规定的提请提案人重新考虑，提案委员会或者工会组织再进行进一步的整理。

4.提案的审理与立案。这项工作涉及的问题比较多，应该高度重视，要在以下几个方面进行规定：提案委员会在初步的审理后拿出意见；征求相关责任部门的意见后向领导汇报；进一步综合分析各方面的情况提出立案意见；向单位主要领导或者党政联席会议汇报确定立案。此外，还要明确审理立案的程序。

5.提案的办理落实与检查监督。这里要对几个方面的事项作出规定：提案审理立案后送达承办部门的时间应不超过一周，若是网上处理系统则是提案上网的时间；承办部门答复提案人时间，一般不超过 1 个月；与提案人的沟通及后续就处理落实情况的交流；对提案处理落实情况检查监督的次数及大致时间规定；巡视检查的方式与组织；巡视检查向职代会联席会议报告、向党政领导报告及对存在问题的督办；准备向下一次职代会报告提案工作情况；职工代表提案（包括未列为提案的建议）的归档处理及以上各项工作的程序。

6.提案工作的日常管理。加强日常管理也是提升提案工作水平的措施之一。这里面，应该重点做好以下几点：建立评选制度并定期开展优秀提案评选活动；对职代会提案及整个职代会工作开展评议（估）活动；评选提案处理落实先进部门（单位）；评选提案征集与组织工作先进单位；提出优秀提案、提案处理与落实工作单位、提案征集与组织工作先进单位的条件；对先进单位部门及优秀提案人的表彰。

7.其他方面的相关规定。主要是文件的解释权、实施日期等事项。

三、提案制度的发展和规范

（一）完善和发展

完善和发展主要是指建立职代会与提案工作制度初期，可能由于多种原因，所制订的制度或者办法比较粗放。随着工作的发展和经验的积累，职代会提案制度应不断进行健全和完善。如有的单位在建立提案工作制度之后，认真贯彻落实和进一步完善工作制度，采取有效措施切实加强提案征集工作，不断提高提案的质量；积极向行政领导和有关部门宣传协调和沟通，提案处理落实工作上了新的台阶；加强了对处理落实情况的检查监督，强化了表彰激励和制约机制建设。相关部门要随着工作的实践与发展，把工作中的经验与做法进一步总结提炼，上升成为制度办法，建立提案工作程序等，促进制度的发展完善，推动提案工作整体水平的提高。

1.内容方面的发展和完善。在新时代，职代会提案的内容要围绕中心、服务大局、与时俱进，在工作实践中发展与完善。应围绕强化企业基础工作和经营管理提出，同时紧密围绕企业怎样创新发展与提高核心竞争力，围绕智慧车间、智慧工厂建设，企业的数字化改造促进数字企业建设等方面提出，组织职工代表献计献策。

2.形式方面的发展、探索与创新。十多年前，已经有地方和单位在提案处理工作中，建立运用了网上提案处理系统，高效、透明。代表通过门户网站或者其他形式在网上填写提案表，提案委员会在网上审理确定是否立案，领导的批办也在网上进行，承办部门的答复处理意见及进度也在网上公开显示，提案人与承办单位随时可以通过网上沟通协调。当下，以微信为代表的现代传媒形式不断发展，在某种意义上改变了人们的生活与工作方式。数字化和智能化将进一步改变我们的工作与生活。在提案工作及工会工作中，我们应该充分利用与借鉴现代传媒方式，不断探索与创新方式方法，不断促进其科学发展，由此促进智慧工会建设。

(二) 激励制约与规范发展

1.激励与制约机制建设。激励机制就是要建立一套有效的评选表彰优秀提案、优秀承办单位和优秀组织者的办法，使提案工作的评选表彰同工会工作评选、企业民主管理评选挂钩，给予工作积极的个人、单位和部门以应有的表彰与奖励。强化制约机制，就是要对工作不努力的单位与部门给予一定的压力，注意使制度构成一个封闭的圆圈，促使机制有效地运行，促进提案工作的落实和整体水平的提高。

2.加强规范化建设。提案工作的规范发展，主要是在前期制度建设和工作发展的基础上，就提案委员会的组成、提案的征集、提案的内容与形式、提案的审理与立案、提案的处理落实、提案的检查监督、提案工作存在的问题的协调解决、提案处理情况以及向职代会报告接受职工代表的评议和监督等问题制订出详细具体的工作标准和工作流程；就提案人、各代表团组、提案委员会、工会组织和行政部门的职责任务，进一步细化标准和流程，促进提案工作逐步规范化。

第二节　提案制度的要件分析

一、关于提案征集和审理立案的规定

（一）提案的征集

征集提案是整个提案工作的基础，征集不到提案，或者征集的数量过少、质量太差，提案的处理落实就无从谈起。所以，在制度建设中，要对提案的征集作出应有的规定。

1.要对内容作出规定。提案应当围绕企业的经营管理、安全生产、科研创新、市场营销、改革发展和职工生活福利等方面的重要工作，以及广大职工普遍关心的重要事项提出。提案内容应实事求是，案由事实清楚、案据客观确凿、建议具体可行。

在坚持以上内容的同时，还要符合下列基本要求：提案应坚持问题导向和需求导向，围绕前述提案的内容、职代会的要求建言献策；提案中反映的有关问题应真实客观，符合本单位的实际情况；提案中提出的措施建议符合国家有关法律法规和政策规定；提案内容所涉及的有关事项属于职代会职权范围内。

2.要对形式作出规定。职工代表提案一般以书面形式提出；提案须一事一案，实事求是，简明扼要，案名、案由分析和措施建议等要素完备；提案须按照工会统一制作和发放的职工代表提案表填写；职工代表个人或联名提出提案的，提案人和附议人均须在职工代表提案征集表上签名；职工代表团（组）或联团（组）提出提案的，由职工代表团（组）长在职工代表提案征集表上签名；职代会专门委员会提出的，由专门委员会负责人在提案表上签字。

3.可以对提案的频次作出规定。目前多数单位职代会征集提案主要是在会前进行。但也有一些单位，在坚持这种主要形式的同时，进行了一些改革与创新，即日常也进行。如有的单位提案征集工作日常化，闭会期间集中开展一两次征集活动，或者每季度征集汇总一次提案、意见与建议，在促进日常民主管理中进行了积极的探索与尝试。

4.提案征集工作的重点与关键环节。

（1）在召开职代会的通知中对提案工作提出具体要求。有的单位在党政工联合发出的召开职代会的通知中，对提案征集工作进行专题部署，提出要求，并同步下发提案表。召开会议的通知一般应在会前1个月发出，提案征集也就有了1个月的时间。工会作为工作机构，可以发出补充通知，对征集的时间（包括截止的时间）、代表团（组）的预审等具体事项进行安排布置。有的单位工会还对代表团（组）征集提案的件数提出了原则性的要求。

（2）在征集中注重调查研究。职工代表在认真调查研究、充分听取和收集所在选举单位（选区）职工群众意见的基础上，进行分析研究、提炼和思考，填写职工代表提案征集表，由职工代表团（组）统一提交提案委员会（小组）或工会；职工代表团（组）或联团（组）提出提案的，应召开职工代表团（组）全体会议讨论或书面征求全体职工代表意见，经2/3以上职工代表同意后，填写职工代表提案征集表，并提交提案委员会（小组）或工会。

（二）提案的审查和立案

提案委员会本着尊重和维护提案人的民主权利、保障提案质量的原则，对代表所提交的提案采用以下方式进行初步的审查。

1.提案委员会对收到的提案表进行审查，符合立案原则与条件的，予以立案，并根据提案内容初步确定主办和协办部门，对于内容相近或相似提案，可作并案处理。

2.对不符合立案要求的提案，向提案人说明情况，或退回提案人修改后重新提交；对有参考价值的，作为意见和建议转送相关部门参考。

3.有下列情形之一的问题，不予立案：不符合党的路线、方针、政策和国家的法律、法规的；不属于职代会职权范围内的；没有经过调查、考证，案不符实的；为代表本人或他人解决个别问题的；领导或职能部门已经明确答复待办的；内容空泛、建议笼统的；其他不宜作为提案的。

4.对提案要素不完整、不规范或提案内容相同相近的，提案委员会（小组）或工会应遵循严谨规范、内容具体、同类合并、保持原意的原则，及时指导、帮助和协调相关提案人、附议人或职工代表团（组）进行归纳、完善和合并，提高提案的质量。

企事业单位工会应将本单位职工代表提案撰写的基本方法、程序、要素和规格纳入职工代表日常培训，特别是新当选职工代表履职培训的重要内容，不断提高职工代表开展提案工作的能力和水平。

5.职工代表提案审查立案工作的重点与关键环节。

（1）提案委员会（小组）或工会根据职工代表提案征集情况和有关内容，分别与行政相关职能部门沟通协商，提出职工代表提案是否立案的初步意见。

（2）召开提案委员会（小组）对征集到的职工代表提案，逐件进行讨论和审查，提出是否立案的意见。对有异议的提案，请示工会或行政领导后提出是否立案的意见。

（3）提案委员会（小组）或工会形成职工代表提案审查报告。

（4）提案委员会（小组）或工会向职代会作职工代表提案审查报告，对征集到的所有提案分别作出应予立案、暂不立案、不予立案的说明，提请职代会审议。

对重大的提案，提案委员会（小组）或工会可以向职代会筹委会或职代会主席团（会议期间）汇报后，确定是否列入职代会议题。

二、关于提案的办理与落实的规定

（一）初步办理

1.提案经审查立案后，由提案委员会或者工会办公室进行编号、登记、整理、汇总、分析。由提案委员会转交行政办公室，在报分管领导签字后，转承办单位办理。

2.承办单位在接到提案后，应认真及时进行研究，明确提案办理工作的具体领导和经办人员，并在 30 日内提出办理意见，向提案人予以答复。提案办理要认真负责，注重实效。凡有条件解决的，要及时落实；因条件所限一时不能解决的，要列入计划，创造条件，逐步落实；个别确实无法解决的，需实事求是说明理由，解释清楚。对涉及两个以上单位协同办理的提案，主办和协办单位应积极配合，协商解决。

3.承办单位应主动加强与提案人的沟通，可采取个别征询意见、沟通会等方式听取提案人的意见，共商提案解决的办法，促进提案的办理与问题的解决。如提案人和所在代表团对提案办理结果不满意，承办单位应认真研究，作进一步的答复。

4.提案办理落实的重点与关键环节。

（1）提案委员会（小组）就经审查立案的提案，逐件提出承办单位的建议，送本单位行政负责人。本单位行政应召集相关单位或职能部门负责人、提案委员会（小组）或工会负责人进行充分沟通和协商，并确定提案承办单位。

（2）提案委员会（小组）将提案分送相关承办单位，并制发提案办理落实情况表。

（3）承办单位就提案提出办理落实意见，明确承办人、办理时限和落实措施。

（4）承办单位办理落实提案后，应及时向提案人、附议人或职工代表团（组）长反馈办理落实工作情况，由提案人、附议人或职工代表团（组）长作出满意、基本满意、不满意等评价意见，并在提案办理落实情况表上签字确认。

（5）提案人、附议人或职工代表团（组）长对提案办理落实情况评价为满意、基本满意的，可以进行结案处理；提案人、附议人或职工代表团（组）长对提案办理落实情况评价为不满意的，承办单位应进一步落实。

对因条件限制，一时不能落实的提案，承办单位应向提案人、附议人或职工代表团（组）长说明情况，经沟通协商一致后，由提案委员会（小组）或工会提出继续落实或取消的建议，并向下一次职代会报告。

（二）提案办结的条件

1.对以个人名义提出的提案，承办单位需要联系与答复提案人和附议人，采取沟通会的方式听取意见，如提案人和半数以上附议人对办理结果表示满意，即可结案；

2.对几个代表联合提出的提案，承办单位需要与其联系，采取沟通会的方式听取意见，如半数以上提案人对办理结果表示满意，即可结案；

3.对代表团组或者专门委员会提出的提案，承办单位可以联系与答复团长或主任委员，由他们负责召集相关代表会议听取意见并书面反馈征求意见结果，需要时承办单位负责人可以到会说明情况，如该代表团或专门委员会半数以上对办理结果表示满意，即可结案。

三、关于提案的检查监督和总结表彰的规定

（一）提案工作的检查监督

1.提案委员会应会同行政办公室每半年组织职工代表对提案处理落实工作进行一次检查，协调解决提案处理工作中存在的问题。检查的方式一般为：到承办单位听取处理情况的汇报，听取提案人对提案处理工作的意见，调查了解处理落实情况，并就有关问题进行协调。半年检查情况向职代会联席会议报告。行政办公室负责对处理工作缓慢的提案下发督办通知单，促进提案的处理落实。

2.承办提案的单位，每半年对提案处理情况进行一次检查，检查结果向公司主管领导报告，并通知行政办公室和职代会提案委员会。

3 承办提案的单位处理落实进度情况，要及时与提案人进行沟通。建立职工代表巡视检查制度的企事业单位，应将提案办理落实情况纳入职工代表巡视检查的重点内容。

4.提案人可随时向提案承办单位查询提案落实情况，现场察看落实进度或查阅相关资料，并定期（一般每半年一次）向公司职代会提案委员会反馈关于提案落实的意见和建议。

（二）提案工作的评优与表彰

1.建立优秀职工代表提案评选表彰工作制度。工会应协助行政建立优秀提案、提案处理先进单位评选表彰制度，对每次职代会征集到的职工代表提案进行一次综合评估，对处理工作先进单位和组织者的工作进行考核，并择优评选优秀职工代表提案、处理工作先进单位。上一级工会也应组织在本地区、本行业（系统）范围内开展优秀职工代表提案评选活动。为鼓励职代会代表提出高质量的提案，代表团组织好提案，承办单位办理好提案，应设立并组织评选"优秀提案奖""提案工作优秀组织奖"和"提案工作优秀承办奖"，并在职代会上进行表彰和奖励。调动和激发职工代表参与民主决策、民主管理、民主监督的积极性，不断提高提案质量；调动和激发提案承办单位和代表团的积极性，大家共同努力做好职代会提案工作，为企事业单位建设、创新和发展履职尽责、发挥作用。

2."优秀提案"评选条件。选题立意高、视野宽，建议切实可行，产生明显效益和积极影响。一般条件如下。

（1）提案选题好。提案内容紧紧围绕本单位生产经营管理、改革、创新发展和职工普遍关心的重点、难点、热点问题，充分反映了所在选举单位（选区）乃至本单位全体职工群众最关心、最直接、最现实的意愿诉求，具有较强的群众性、代表性。

（2）提案内容好。提案所反映的问题实事求是、真实可信，提案中提出的有关措施和建议具有较强的针对性、可操作性，便于组织和实施。

（3）提案落实好。提案办理落实工作扎实到位，提案人、附议人或职工代表团（组）对办理落实结果的评价均为满意；提案办理落实后产生了良好的经济效益或社会效益，在推动本单位改革、创新发展及维护职工合法权益等方面发挥了显著作用。

（4）提案规范化。提案案由清晰准确、提案内容具体翔实、问题分析全面透彻、措施建议切实可行。

3．"提案工作优秀承办部门"评选条件。提案工作优秀承办单位应该高度重视承办工作，克服困难落实提案，明显促进单位工作的发展。一般条件如下。

（1）重视提案承办工作。在提案办理过程中，有专人负责，主动沟通协调，尊重提案人的权利，虚心听取提案人和代表团的意见，积极创造条件落实。

（2）提案办理认真负责，措施得力，讲求实效，答复意见有理有据，处理意见符合实际情况，处理落实工作卓有成效。

（3）提案办理及相关材料上交及时，提案人满意率高。

（4）通过承办提案促进了职代会与民主管理工作的发展。促进了本部门工作，提高了管理水平和服务质量。

4．评选"提案组织工作先进集体"。评选范围为代表团和专门委员会。"提案组织工作先进集体"一般应符合下列条件：

（1）认真组织工会小组和职代会代表深入学习民主管理知识，鼓励、组织职工代表进行调查研究，积极、规范撰写提案；

（2）及时进行提案初审、协助提案人修改完善，及时递交提案委员会，工作不积压；

（3）代表参与面广，参与撰写提案或参与附议代表人数占应到会代表1/4以上；

（4）组织递交的提案多、质量高。

工会、行政和提案委员会负责组织评选"优秀提案""提案承办先进部门""提案组织工作先进集体"，经工会和行政领导研究，报党委审批，予以表彰和奖励。

第三节 提案征集和处理程序

细节决定成败。程序是整治好细节的工具，是能够发挥出协调高效作用的工具，是管理方式的一种。在职代会提案征集与处理工作中，应该充分重视程序的作用，将"软"的无约束的工作整改得有条理、按规则、有秩序，使提案征集、审理、处理落实、检查监督等工作不断提升到新的水平。

一、职代会筹备期间

（一）职代会筹备期间提案工作总程序

1.在召开职代会的通知中对提案征集工作进行安排部署，对职代会提案委员会的选举提出原则意见。

2.党政部门下发召开职代会通知的同时，工会会同职代会提案委员会专门下发做好征集提案工作的通知，对提案的征集工作进行具体的安排、部署，提出要求，规定时间进度。

3.在选举工作后期或职工代表选举产生以后，考虑职代会主席团产生办法时，要同步考虑职代会提案委员会及其他委员会产生办法。在以上职代会组织机构的产生办法得到领导同意后，提出候选人建议名单。

4.职代会召开前夕，工会会同职代会提案委员会，及时收集整理各代表团组上报的提案，进行初步的分析。

（二）提案委员会设立与组建工作程序

企事业单位职代会提案委员会（小组）的设立，一般按照下列程序进行。

1.企事业单位工会根据工作需要和实际情况，综合各方面的情况并征求有关综合部门的意见，提出提案委员会（小组）组成的具体方案。

2.提案委员会组成方案报工会领导、党政领导研究原则同意后，在职工代表选举产生的基础上，从代表中选取合适人员，并在征求所在代表团意见的基础上提出建议人选方案，特别是主任委员人选的建议方案。

3.职代会筹委会研究讨论，通过准备向职代会提交的提案委员会成员候选人建议人选名单。须同其他要选举的主席团、专委会成员候选人建议名单同步产生。

4.经职代会表决通过，选举产生提案委员会委员，同步选举产生主任委员、副主任委员。

5.提案委员会主任委员主持会议，研究部署提案工作。

（三）提案征集与初步整理程序

1.在筹备召开职代会的通知中对提案的征集和处理工作提出要求，进行安排部署，并随通知下发提案表。

2.提案委员或工会随后可专门发出征集提案的通知，提出具体要求和截止日期。通知中可以结合单位实际和职代会的重点议题内容，制定职工代表提案参考课题，供职工代表参考。要求职工代表进行调查研究，认真征求广大职工的意见。所属工会（各代表团）做好具体的组织工作，并可由所属工会以代表团组的名义提出提案。代表团（组）或联团（组）提出的提案，应召开代表团（组）全体会议讨论或书面征求全体职工代表意见，经2/3以上职工代表同意。

3.填写提案表。职工代表（或代表团组）在认真调查研究的基础上，进行梳理提炼和综合分析，按规定的格式认真填写提案表，精心提炼案由，详细阐明提案的内容、解决的意见与建议，若有可能最好附上相关数据与调查资料。

4.所属工会（代表团）收集并进行初步审理。对明显不符合要求的详细加以说明，或者帮助提案人重新组织提案；对有缺陷的提案指导提案人加以完善。按规定的时间，各代表团（组）将收集的本团（组）职工代表填写的提案表汇总上报工会或提案审查委员会。

5.工会或者提案委员会会前收集提案，进行分析汇总，提出立案的初步意见，向筹委会领导汇报，征求提案涉及部门的处理意见。

6.工会或提案委员会将会前征集提案的情况向筹委会报告，简要情况写进工会向职代会的筹备报告中。

二、职代会召开期间

（一）职代会召开期间提案工作总程序

1.进一步收集提案。提案征集的工作主要在会前进行，但由于不少代表工作繁忙，在临参会时，将提案带到职代会上。也有的代表在参加会议与其他代表沟通后，受到启发，或者听了行政报告和领导讲话后，有了新的认识与想法，临时提出提案。这些从制度与办法上讲都是可以的。大会提案组（提案委员会）或者工会在代表报到时，应做好收集工作。可通过微信群等形式，通告会议期间提案的截止时间，及时向各代表团收集提案。

2.选举产生提案委员会。若是首届职代会或者是职代会换届，则一般会在职代会预备会议上选举产生提案委员会、同步选举产生大会主席团、其他各专门委员会以及职工董事等其他需要经职代会选举产生的人员。

（二）提案审理工作的具体程序

1.提案的整理。提案委员会在收到职工代表的提案后，须及时进行归纳、整理。各职工代表团（组）上报的提案，都要进行登记、分类，列入整理范围。提案整理应遵循内容具体、同类合并、保持原意的原则。

2.审查和立案。工会或提案审查委员会在对提案初步审理的情况下，开始审理立案工作。审理立案要严格按照立案的原则，对照提案的内容进行。对不符合立案条件的提案应与所提的代表团进行适当的沟通解释，以保护职工代表参政议政的积极性。

3.对已经确定立案的提案进行审查、归纳、统计、分析、编号、登记造册，对内容相同或相近的提案合并成一个提案，便于集中处理、答复。

三、职代会闭会期间

(一) 职代会闭会期间提案工作总程序

1.将提案征集的总体情况和已经初步确定立案的提案向党政领导作进一步的汇报。

2.立案的提案交企业行政部门处理落实。

3.年中、第三季度进一步做好闭会期间的提案征集、审理、处理工作。

4.提案处理进行半年之后，组织对提案的处理落实情况进行检查监督，向职代会联席会议和党政领导汇报，反映和协调解决存在的问题。

5.年末对提案全年的征集、处理落实情况进行总结，肯定成绩，发现存在的问题，起草关于职代会的提案征集处理落实情况报告。

6.年末年初对新年度的职代会提案征集工作进行安排部署，在新年度的职代会上向职工代表报告上一次职代会的提案处理落实及当次职代会提案征集情况。

(二) 职代会闭会期间提案处理落实工作程序

1.提案委员会对提案审理立案工作进行总结。对立案的提案在由提案委员会主任或企业领导人批示后，转交行政有关部门（单位）承办，要求有关部门（单位）在规定的时间内答复处理。时间一般为1个月，应该书面与网上同步进行答复。

2.将立案的提案及未立案的建议分别向提案人进行反馈。

3.提案承办部门（单位）认真研究提案情况，提出处理落实的具体方案，明确承办人、办理时限和落实措施，积极实施；承办部门（单位）给提案人的书面复文应由主要负责人签署意见，加盖公章。复文要同步反馈给提案委员会、工会与代表团（组）。

4.承办部门（单位）在处理落实中可以就有关问题与提案人进行沟通。对争议比较大的问题可以向领导汇报，向提案委员会与工会通报，提请协商解决。提案人、附议人或职工代表团（组）长对提案处理落实情况有异议或不满意的，承办工作有进一步落实空间的，应进一步落实；对因条件限制等客观原因，一时不能落实或者局部不能落实的提案，承办部门（单位）应向提案人、附议人或职工代表团（组）长说明情况，原则上达成共识。

5.年末年初，提案委员会或工会进一步了解提案处理落实情况，对提案处理落实情况进行总结，会同行政，准备向职代会的报告。提案存档。

（三）职代会闭会期间提案征集工作程序

1.工会与职代会提案委员会思想上应该重视此项工作，并在实践中积极探索发展。职工代表是常任制，除了参加职代会审议企业重大决策外，应该积极参与日常民主管理活动，而提出提案正是一个有效的渠道和载体。

2.职工代表在职代会闭会期间，可以随时提出提案，也可以由提案委员会约定时间集中收集。

3.鉴于有的代表团比较分散，在职代会闭会期间，职工代表可以将提案直接交代表团（组），也可以直接报送提案委员会或者工会组织。

4.提案委员会应该及时收集整理职工提案，并与企业行政方面及时沟通，对重要的有价值的提案及时立案，纳入提案处理工作流程处理或者单独处理落实，保护职工代表参与管理的积极性。

（四）提案监督检查工作程序

1.工会在年度总体工作安排中对包括提案处理落实情况在内的集体合同履行情况、民主管理厂务公开工作统筹安排检查监督，促进工作的落实。

2.提案委员会在工作计划中对提案处理落实情况进行具体的安排部署，在工会的协调帮助下，组织提案委员会成员和职工代表对提案的处理落实情况进行监督检查。

3.检查监督提案处理落实情况。检查有三种方式。一是提案委员会检查。提案委员会要随时了解与掌握提案处理落实的情况，制订检查的具体方案，安排对重点提案的检查，听取承办部门与提案人的意见，必要时到现场察看有关提案处理落实的具体情况。二是在工会统筹安排下组织提案委员会、劳动法律监督委员会、生活福利委员会等职代会专门委员会，在职代会召开半年之后，统筹对职代会决议、提案处理落实、集体合同履行、厂务公开工作等诸多事项一并进行检查，这种检查在实践中应用得比较多，主要是提高效率，降低成本，减少基层单位的负担。三是提案委员会通过电话了解、微信沟通、网上处理等形式，检查督促提案落实情况，协调解决提案处理工作中存在的问题。

4.在职代会闭会期间、提案处理落实过程中，提案人可通过电话、门户网站、微信等形式随时向承办单位、工会与提案委员会了解处理落实情况，提出意见与建议。

5.提案委员会或工会将检查提案处理落实的情况进行分析总结汇总，肯定成绩，指出存在的问题，提出意见与建议，形成报告，向职代会代表团长、专门委员会主任联席会议报告，向工会和党政领导汇报。

6.由行政领导或者行政办公室根据领导的意见，协调解决提案处理落实中存在的问题。

7.提案委员会与工会协助行政办公室或有关部门准备向下一次职代会的提案处理落实情况报告。

8.在下一次职代会，工会组织职工代表对包括提案工作在内的整个职代会工作、集体合同履行、厂务公开工作情况进行评价，对代表提出的意见与建议，行政有关部门、工会组织应注意做好整改工作。

 工作模板与实施方案

××集团公司职代会提案工作规范

（一）总则

第一条 为进一步健全完善以职工代表大会（或职工大会，以下简称职代会）为基本形式的企业民主管理制度，提高企业职代会工作质量和效能，保障职工的知情权、参与权、表达权和监督权，维护职工合法权益，促进企业健康发展，依据《企业民主管理规定》等法规，制定本工作规范。

第二条 本工作规范所称职工代表提案，是指职工代表在广泛征集职工意见的基础上，经过调查、研究，就集团公司生产经营管理、改革和创新发展以及职工普遍关心、涉及职工切身利益的重要问题，按照规定的程序，在规定的时间内提交职代会审查立案，由公司相关责任部门承接答复、办理落实的书面意见和建议。

职工代表提案工作是集团公司职代会与企业民主管理工作的重要组成部分，是职工代表有效履行职责、行使民主权利、有序参与集团公司管理和监督的重要渠道和有效途径。

第三条 职工代表提案工作要坚持围绕中心、服务大局、提高质量、务求实效的基本原则，切实加强制度化、规范化建设，努力提高提案质量、办理质量和服务质量。

第四条 提案工作要适应数字化的趋势，探索与创新方式方法，不断促进科学化与规范化。

（二）提案工作机构

第五条 职代会应设立提案工作委员会（小组），作为职工代表提案工作的常设机构，负责职工代表提案征集整理、指导完善、审查立案、移送办理、监督检查、档案管理等工作。四级公司可以由工会具体负责职工代表提案有关工作。

提案工作委员会（小组）的成员人数一般为5至9人，设主任（组长）1人，副主任（副组长）1至2人。二、三级公司结合自身实际，可以适当增减成员人数。提案工作委员会（小组）的成员在本届职工代表中产生，也可以聘请少数非职工代表人员参加，但不能超过委员会总数1/3。提案工作委员会（小组）的任期与职代会的届期一致。

第六条 职代会提案工作委员会（小组）的设立，一般按照下列程序进行：

1.单位工会根据需要，提出提案工作委员会（小组）组成的具体方案；

2.职工代表团（组）采取会议推选、组织职代表自荐等方式，协商推荐提案工作委员会（小组）成员人选；

3.召开职代会筹委会或职工代表团（组）长、专委会主任联席会议讨论，提出具体候选人名单；

4.经职代会预备会议表决通过，确定提案工作委员会（小组）委员、主任委员和副主任委员。

（三）职工代表提案的提出、征集和整理

第七条 职工代表提案的提出方式。

1.由1名职工代表作为提案人、2名职工代表作为附议人提出提案。

2.由3名或者3名以上职工代表联名作为提案人提出提案。

3.由职工代表团（组）或联团（组）提出提案。

第八条 职工代表提案的主要内容是集团公司生产经营管理、安全生产与劳动卫生、转型升级、创新发展与提高核心竞争力、劳动规章制度与收入分配、生活福利待遇与职工教育培训等职工普遍关心、涉及职工切身利益，并需职代会立案处理的重要问题。

征集职工代表提案前，职代会提案工作委员会（小组）或工会可以结合企业实际和职代会的重点议题内容，制订职工代表提案参考课题，供职工代表参考。

第九条 职工代表提案一般采取书面形式提出，并符合下列基本要求。

1.提案应坚持问题导向和需求导向，围绕本办法第八条明确的有关内容建言献策。

2.提案中反映的有关问题应真实客观，符合本单位的实际情况。

3.提案内容所涉及的有关事项属于职代会职权范围内。

4.提案中提出的措施建议符合国家有关法律法规和政策规定。

5.提案须一事一案，实事求是，简明扼要，案名、案由分析和措施建议等要素完备。

6.提案须按照提案工作委员会（小组）或工会统一制作和发放的职工

代表提案征集表进行撰写和提交。

7.职工代表个人或联名提出提案的，提案人和附议人均须在职工代表提案征集表上签名；职工代表团（组）或联团（组）提出提案的，由职工代表团（组）长在职工代表提案征集表上签名。

第十条 征集职工代表提案，一般按照下列程序进行。

1.职代会提案工作委员会（小组）或工会在集团公司发出召开职代会通知的同时（一般在职代会召开前1个月），向全体职工代表发出征集提案的具体通知，统一制发职工代表提案征集表，提出截止日期和详细要求。

2.职工代表在充分听取和收集所在选举单位（选区）职工群众意见的基础上，进行梳理提炼和综合分析，撰写职工代表提案并填写提案表，由职工代表团（组）统一提交提案工作委员会（小组）或工会；职工代表团（组）或联团（组）提出提案的，应召开职工代表团（组）全体会议讨论或书面征求全体职工代表意见，经2/3以上职工代表同意后，撰写职工代表提案征集表，并提交提案工作委员会（小组）或工会。

第十一条 提案工作委员会（小组）或工会应及时对征集到的职工代表提案进行登记、分类和整理，不得遗漏。对提案要素不完整、不规范或提案内容相同相近的，提案工作委员会（小组）或工会应遵循严谨规范、内容具体、同类合并、保持原意的原则，及时指导、帮助和协调相关提案人、附议人或职工代表团（组）进行归纳、完善和合并，提高提案的质量。

第十二条 工会应将本单位职工代表提案撰写的基本方法、程序、要素和规格纳入职工代表日常培训，特别是新当选职工代表履职培训的重要内容，不断提高职工代表开展提案工作的能力和水平。

（四）职工代表提案的审查立案

第十三条 提案工作委员会（小组）或工会应认真负责地开展职工代表提案审查立案工作，符合本办法第九条基本要求的提案，原则上应予立案。

第十四条 职工代表提案审查立案工作，一般按照下列程序进行。

1.提案工作委员会（小组）或工会根据职工代表提案征集情况和提案的具体内容，分别与本单位行政及相关职能部门沟通协商，提出提案是否立案的初步意见。

2.召开提案工作委员会（小组）会议，对征集到的职工代表提案，逐件进行讨论和审查，提出是否立案的意见。对有异议的提案，应与行政综合部门沟通、向行政有关领导汇报或提请大会主席团研究，提出是否立案的意见。

3.提案工作委员会（小组）形成职工代表提案审查报告。

4.提案工作委员会（小组）或工会向职代会作职工代表提案审查报告，对征集到的所有提案分别作出应予立案、暂不立案、不予立案的说明，提请职代会审议通过。

第十五条 对重大的提案，提案工作委员会（小组）或工会可以在提请职代会筹委会或大会主席团讨论后，确定是否作为职代会议题、议案。

（五）职工代表提案的办理落实和监督检查

第十六条 对经审查立案的职工代表提案，提案工作委员会（小组）或工会应在职代会后15个工作日内，分送本单位行政相关领导。领导签字批示后，相关承办部门进行办理落实。对暂不立案、不予立案的提案，提案工作委员会（小组）或工会应在一周内向提案人、附议人或职工代表团（组）长进行解释说明，并退还提案。

第十七条 职工代表提案的办理落实，一般按照下列程序进行。

1.提案工作委员会（小组）或工会就已经立案的提案，逐件提出承办部门的建议，送本单位行政主要负责人。本单位行政应召集相关职能部门负责人、提案工作委员会（小组）或工会负责人进行充分沟通和协商，并确定提案承办部门。

2.提案工作委员会（小组）或工会将提案分送本单位行政相关领导、相关承办部门，并制发提案办理落实情况表。

3.承办部门就提案提出办理落实意见，明确承办人、办理时限和落实措施。

4.承办部门办理落实提案后，应及时向提案人、附议人或职工代表团（组）长反馈办理落实工作情况，由提案人、附议人或职工代表团（组）

长作出满意、基本满意、不满意等评价意见，并在提案办理落实情况表上签字确认。

5.提案人、附议人或职工代表团（组）长对提案办理落实情况评价为满意、基本满意的，可以进行结案处理。提案人、附议人或职工代表团（组）长对提案办理落实情况评价为不满意的，承办部门应进一步落实。对因条件限制，一时不能落实的提案，承办部门应向提案人、附议人或职工代表团（组）长说明情况，经沟通协商一致后，由提案工作委员会（小组）或工会提出继续落实或取消的建议，并向下一次职代会报告。

第十八条 提案工作委员会（小组）或工会半年应组织一次对提案办理落实情况的督促检查，及时将督促检查情况反馈本单位行政领导，向职工代表通报各件提案办理落实的进展情况。工作过程中，要建立健全职工代表提案办理落实工作台账。

建立职工代表巡视检查制度的单位，应将提案办理落实情况纳入职工代表巡视检查的重点内容。

第十九条 提案工作委员会（小组）或工会应认真梳理、汇总和掌握每件提案的办理落实情况，形成提案办理落实情况报告，并向下一次职代会报告。

第二十条 提案工作委员会（小组）或工会应全面收集整理职工代表提案征集表、提案办理落实情况表以及承办部门办理落实提案的有关支撑性、依据性、成果性材料，实行专卷管理，建立健全职工代表提案工作档案与数字档案，做到有据可查、快捷查阅。

（六）职工代表优秀提案的评选表彰

第二十一条 各级工会应建立优秀职工代表提案评选工作制度，每年组织开展优秀职工代表提案评选活动，将其作为深化职工代表创优活动的重要内容，调动和激发职工代表参与民主决策、民主管理、民主监督，为集团公司改革建设、创新发展献计献策的主人翁意识，引导职工代表积极主动履职尽责、发挥作用。

第二十二条 评选优秀职工代表提案，原则上各层级职代会都应该进行。

第二十三条 优秀职工代表提案应具备下列基本条件。

1.提案选题好。提案内容紧紧围绕本单位生产经营管理、改革建设、创新发展和职工普遍关心的重要、难点、热点问题，充分反映所在选举单位（选区）乃至本单位全体职工群众最关心、最直接、最现实的意愿诉求，具有较强的代表性、可行性。

2.提案建议好。提案所反映的问题实事求是、真实可信，提案中提出的有关措施和建议具有较强的针对性、可操作性，便于组织和实施。

3.提案落实好。提案办理落实工作扎实到位，提案人、附议人或职工代表团（组）对办理落实结果的评价均为满意；提案办理落实后产生了良好的经济效益或社会效益，在推动本单位生产经营管理、改革建设、创新发展以及维护职工合法权益等方面发挥了显著作用。

4.提案规范化。提案案名清晰准确、案由分析全面透彻、措施建议切实可行。

第二十四条 集团公司及二、三级公司应建立健全以精神奖励为主、物质奖励为辅的职工代表提案奖励机制或办法，对职工代表提案立案、落实后能够直接或间接产生经济效益、社会效益和被上级工会评选为优秀职工代表提案的，可以参照国务院《合理化建议和技术改进奖励条例》等有关规定，给予适当的奖励。

（七）附则

第二十五条 二、三级公司可以依据本办法和相关制度文件，结合本单位实际，制订职工代表提案工作实施办法（细则）。

第二十六条 本办法由集团工会负责解释。

第二十七条 本办法自发布之日起实施。

《××公司职代会提案规范化建设实施办法》（摘要）

（一）指导思想和目的意义（略）

（二）职代会提案质量的评级标准

1.提案内容、范围的界定和划分。

（1）职代会提案应符合党的路线、方针、政策和国家的法律、法规。

（2）提案应紧紧围绕企业建设、改革、创新和发展目标，就企业的建设改革、安全生产、经营管理、创新发展、职工队伍建设以及维护职工合法权益等方面，提出意见与建议。

（3）提案应在公司管理职权范围内提出，凡超出公司管理权限、基层单位可以解决的问题，以及上级已有明确规定的内容，一般不作为职工代表提案。

（4）提案应有一名以上职工代表提议，两名及以上职工代表附议，要求一事一案，不得一案多提。

2.提案质量进行评级的原则。

已立案的提案交由相关专业部门进行论证、评定后，提案工作委员会按重要性、可行性及产生的经济效益将提案分为A、B、C、D、E五级。

3.对提案质量以A、B、C、D、E五级进行评级的具体内容和操作方式。职代会提案首先要在严肃性、科学性、可行性这"三性"原则的统领下，达到六个标准：一是反映大事；二是言之有据；三是案情清楚；四是建议具体；五是一事一议；六是格式规范。在此基础上，为了调动公司每位职工代表参与公司生产经营及管理的积极性，提高职工代表的创新意识，规范提案，对提案按以下标准进行评级。

（1）A级评定标准（重要的、具有创新性，可行性强，经济效益高）。一是公司采纳已经实施的提案；二是年经济效益在10万元以上或一次性节约投资（挽回经济损失）25万元以上的提案；三是解决了公司长期遗留技术难题的提案；四是能够提出公司发展战略、发展方向及管理思路的提案。

（2）B级评定标准（较重要的、具有改良性，有可行性，投入少，见效快）。一是公司采纳已经实施的提案；二是年经济效益在5万元或一次性节约投资（挽回经济损失）15万~25万元的提案；三是能够大幅度降低生产成本，减轻员工劳动强度，大幅度改善员工工作环境、职业健康和安全状况的提案；四是有利于提高公司管理效率的提案。

（3）C级评定标准（一般性的，针对解决个别问题点，内容清楚，可操作性强）。一是公司采纳已经实施的或者可以实施的提案；二是年经济效益在3万元以下或一次性节约投资（挽回经济损失）5万~15万元的提案；三是能够比较大地降低生产成本，减轻员工劳动强度，改善员工工作环境、职业健康和安全状况的提案；四是有利于提高部门管理效率的提案。

（4）D级评定标准（对现有正常管理或经营有所改善，有一定的作用和效益）。一是公司采纳已经实施的或者可以实施的提案；二是年经济效益在1万元以下或一次性节约投资5万元以内的提案；三是能够降低生产成本，减轻员工劳动强度，改善员工工作环境、职业健康和安全状况的提案；四是有利于提高班组管理效率的提案。

（5）E级评定标准。不属于A、B、C、D级范围内且通过公司相关部门专业人员论证后，合理可行的提案。

（三）职代会提案处理工作质量的评价标准

1.明确提案处理、落实、答复工作程序的具体内容和要求。职工代表提出职代会提案后，职代会提案工作委员会按照提案性质、重要程度和职权范围进行分类，实行分级解答和落实。属于本单位职权范围内能够解决的问题，应作为本级职代会提案落实解决；属于上级公司解决的重大事项和问题，提交上级公司职代会提案工作委员会。公司职代会提案工作专门委员会依据有关规定，对提案进行审查，凡符合条件的可以立案；对不符合立案条件的，按意见或建议向职工代表进行答复和说明。职代会提案工作委员会对已立案的提案按照改革建设、创新发展、经营管理、安全卫生、生活福利、职工权益等类别进行分类登记后，呈送公司领导阅示，并转送有关部门进行处理和答复。公司各部门在接到职工代表提案时，要认真研究，并指定专人负责，对收到的提案、建议和意见，应做到件件有书面答复。对提案中符合政策规定并能够解决的问题，要及时予以解决；因条件不具备，暂不能落实的提案要说明情况。承办部门应在三周内提出处理、答复意见，送分管领导指示后反馈至提案工作委员会和公司工会。若提案涉及两个及以上处理部门，由公司领导指定一个部门主办，其他部门协办。被指定为主办的部门若有异议，可向领导提出，但在领导未做出更改决定前，不得拒办。办理提案要求求真务实，提高效率，注重质量，认真解决实际问题。在办理过程中，承办部门应加强与提案者沟通联系，尽力提高职工代表的满意度。

2.提案处理工作质量评价的原则。为总结提案处理工作中好的做法和经验，要查找提案处理工作中存在的不足，提出改进提案处理工作的具体建议，对提案处理工作开展质量评价，促进提案承办部门和工作委员会进一步加强提案处理工作，转变工作作风，加大处理力度，提高处理质量，提升提案人和广大员工对办理的满意度。同时，通过评议提案处理工作质量，拓展职工代表参政议政途径，进一步增强职工代表履行职能的责任感、使命感，充分发挥职代会提案作用。通过建立提案办理民主评议制度，对提案办理工作质量进行评价，主要从提案的答复率、落实率、满意率等方面评议。

3.提案处理工作质量评价的具体内容和评价方式。

（1）提案处理工作质量评价的具体内容。一是领导是否重视，分工是否明确、提案办理工作机制是否健全、提案办理责任是否明确。二是提案办理态度，是否做到办前沟通、办中协商、办后回访，认真解释；是否按规范要求答复，措施具体、内容翔实、答复明确。三是提案办理结果。办理答复措施的落实情况，能采纳的是否采纳，不能采纳的是否认真解释；承诺计划办理的，是否兑现跟踪落实。四是提案办理时限，是否按照规定的时限答复办理。五是提案答复意见是否按照统一的行文格式答复，是否注明承办人。

（2）评价方式。第一阶段：组织提案人、提案单位（代表团提案）职工代表采取测评的方式对每一项提案处理质量进行评价。提案工作委员会及时对评议情况进行汇总分析，适时将评议有关结果分别通报给承办部门与相关部门，被评议的承办部门针对评议中反映的问题与不足，反馈整改措施与打算。一是组织提案人（包括第一提案人、联名提案人）本着理性思考、客观分析、公正测评的原则，对不同部门办理本人有关提案情况，分别进行评议。有"不满意"的，在文字栏中注明事由。提案人在充分肯定成绩的基础上，做到找问题到位。即在掌握情况基础上，实事求是地指出不足；提建议到位，要提出切实可行的整改建议。对于承办单位在提案办理工作中的困难，尤其是那些普遍存在的、单靠个别部门的力量无法解决的困难或问题，要客观地分析原因，提出可操作性建议，推动问题的解决、建议的落实。二是组织提案相关专业部门的职工代表参与测评。在"值得肯定的方面""存在的问题""具体建议"栏目中填写具体内容，以便承办部门总结经验、找出问题，有针对性地改进办理工作，增强办理实效。三是提案工作委员会收集各项提案处理工作情况进行汇总分析后，对提案处理工作的回复率、落实率分别进行考评。第二阶段：提案工作委员会对两个测评结果和专委会考评情况进行汇总，形成各提案处理工作质量的综合评价意见。其中，提案人评价意见占40%，职工代表评价意见占30%，提案工作委员会考评意见占30%。

（四）职代会提案征集处理工作评选表彰办法

1.提案征集处理工作评选组织领导与工作程序

（1）评选表彰的组织领导。成立提案征集处理工作评选工作领导小组，组长由主管副总经理担任，工会主席、提案工作委员会主任担任副组长。成立评选领导小组办公室，办公室设在工会。

（2）评选的原则和范围。评选原则：从提案质量评级情况和提案处理工作情况两方面进行评选。评选范围：一是根据提案质量评级情况对相关提案进行评选；二是根据提案处理工作质量对各部门进行评选。

（3）评选程序：由提案征集处理工作评选办公室根据提案评级情况、各部门提案处理情况及提案处理工作质量民主评议情况对提案质量、各相关部门的提案处理工作质量进行评价，对提案和提案处理部门分别进行初步评定，提交提案征集处理工作评选领导小组讨论确定相关奖项。

2.提案征集处理工作各奖项设置及评选的条件

（1）提案奖。分设一等奖、二等奖、三等奖。其评选基本条件如下。

一是提案格式符合要求，提交程序规范。二是征求职工意见与建议充分，调查研究分析深入。三是提案的主题明确，文字精练，表述清晰，重点突出。四是提出问题的依据科学，分析产生问题的原因清晰，解决问题的建议、办法或措施可行。五是提案对公司建设发展、改革创新、安全生产、经营管理以及维护职工合法权益等方面起到良好的促进作用，或产生较为显著的成效。在符合以上评选基本条件的基础上，提案评定为 A 级提案的，评选为一等奖；提案评定为 B 级提案的，评选为二等奖；提案评定为 C 级提案的，评选为三等奖。

（2）办理奖。一是分管领导和部门重视提案办理工作，责任落实到位，办理程序规范，在规定时间内按要求完成办理任务；二是办理意见明确，依据充分，文字精练，表述清晰；三是答复和办理符合国家法律法规和有关规定，效果好，对推动公司建设发展、改革创新起到积极作用，得到了提案人的充分认可。符合以上评选条件的均评选为优秀办理奖，并可对部门进行一定的绩效奖励。

（3）优秀组织奖。一是本单位组织职工代表积极开展提案征集活动，参与率高，程序规范，提案数量相对较多，工作成效突出；二是本单位征集的所有提案均为合格提案，质量水平较高，能够促进公司的建设发展、改革创新、安全生产、经营管理等水平提升，并有提案获得二等以上奖项。符合以上评选条件的均评选为优秀组织奖。

第四章
提案工作的高质量发展

　　想要推进提案工作高质量发展，就应该对提案工作的整体形势有准确的研判，对提案工作中存在的问题及造成问题的原因有清醒的认识，对提案工作下一步的发展趋势和工作走向有大致的把握。只有这样，提案工作才能不断规范、不断创新发展。

第一节　提案工作中的问题、原因与对策

一、提案质量方面的问题及原因分析

(一) 提案内容质量不高

1.个别提案内容与相关规定相悖。职代会提案主要是征集职工的建议和意见，组织职工代表提出改善企业管理、促进企业创新发展的意见和建议。而个别职工代表不了解相关法律法规，不学习相关政策文件，提出的提案偏离了方向，提出不属于职代会提案范围的问题，或提出与党和国家方针政策、法律法规有抵触，与上级的明确规定相悖等问题。

2.内容不切实际，可行性差。规范的提案应做到言之有理、言之有据、情况翔实、案由清楚、分析透彻、建议具体。应该通过调研，对问题进行归纳提炼，提出可行解决方案。但有的提案笼统空洞，缺乏可操作性，难以落实解决。比如"加强职工文化建设，促进企业文化发展"，这本身是一个挺好的题目，可没有具体的内容、意见与建议作为支撑，有关部门落实起来会有很大的难度。

3.着眼局部利益，关注企业大局少。提案应该紧密围绕生产经营中心工作和企业发展大局，涉及企业管理、安全生产、科技研发、创新发展、劳动保护、教育培训、福利待遇以及其他职工普遍关注的重大事项，提出可行性建议、办法和措施。但有的提案仅考虑眼前的局部利益，把提案当成了职工权益的"申诉表"，造成提案无法解决落实或是成了服务小团体利益的手段。如某单位个别职工代表提案要求解决上下班通勤车问题，经了解该小区只有几名职工居住，相对于大多数干部职工居住相对密集的小区尚未开行通勤车的现状，这类提案明显带有局限性而无法解决。

(二) 提案形式不规范

1.案由方面。有的案由写得过于简单，仅仅几个字，难以表述提案的意思；有的冗长，啰里啰唆，抓不住重点。这两点都要避免。

2.非一事一案。提案一般情况下是一事一案，即一个问题或一件事情填写一个提案表，多数的单位在召开职代会或征集提案的通知中都会提出这样的要求，在职代会的提案表上也会进行提醒。可总有人会把几件事、几个问题作一个提案提出。造成的原因可能是认识上的差异，但承办部门落实起来会增加不必要的工作量。

3.附议人的设置。在企业民主管理规定或者职代会实施细则中对提案设附议人（一般附议人不宜超过 3 人）。设不设附议人、设几个附议人，由各单位自己作出规定。但若作了有附议人的规定，就应该认真执行，不要有的提案有附议人、有的提案没有附议人。职工代表和各有关方面都应进行落实，不应出现敷衍应付的现象。

4.书写不规范。有的提案题目与内容关联度不大，案由和提案内容不一致，文字表述不确切，书写不规范。

(三) 提案质量存在问题的原因分析

1.宣传与培训不够。召开职代会前，应对职代会的议题、企业的中心任务与重点工作应广泛地进行宣传，鼓励职工群众积极参加企业民主管理，通过职代会参与企业重大决策。可以通过微信群推送相关文件资料等多种形式对职工代表进行培训教育，提高职工代表的认识和参与企业决策的水平。鼓励并引导职工代表针对职代会的议题，紧密结合企业的中心工作任务，到自己所在选区、到职工群众中调查研究。听取意见和建议，提出对企业经营管理、改革建设、创新发展方面有价值的提案和建议。

2.职工代表素质不高。职工代表是职代会提案的提出者，对收集意见、填写表格、上报提案、传达回复等一系列工作负责，对自身素质有一定要求。而一些职工代表自身素质不高，办事能力不强，对有关政策、制度理解不到位，对企业生产经营中心工作关注不够，反映问题片面化。

3.职工代表履行职责意识不强。实际工作中，存在少数职工代表责任心不强，缺乏"主人翁"精神，应付差事的现象。这类职工代表缺乏责任心，不能深入调查研究，不愿意提提案。填表不看要求，作为附议人时，没有对提案进行讨论审核，出现"一句话"提案。不是本着实事求是的原则，深入现场调查了解，急职工之所急、解职工之所难，而是怕麻烦，对涉及有关职能部门的提案存在顾虑，本着"多一事不如少一事"的思想退避三舍，召开职代会时找个不痛不痒、无关紧要的问题当作提案应付了事，从而造成提案质量不高。甚至认为"提案与我无关"，是"瞎操心"，都是"领导的事"，一副"事不关己、高高挂起"的姿态。还有部分职工代表是企业二级公司的领导或总部机关部门的负责人，平常的确很忙，没有将提案工作摆上议事日程；有的将提案工作交由他人，简单应付了事。

二、提案征集工作中存在的问题及原因分析

（一）提案征集工作不力

1.少数代表团和基层单位提案上报不及时、不规范。如多数单位工会在职代会召开前一两个月就发布征集提案通知，并结合生产经营工作实际情况，对提案征集工作进行引导，明确各项要求、方式方法、注意事项等，指导各单位做好提案征集工作。但个别单位的提案不能按照要求认真填写，文字表述不够准确；有的提案案由与内容不相符，没有相关的提案描述、问题分析与建议内容等情况；有的甚至只是简单一句话带过，不能做到调研深入、分析透彻、描述清楚、建议具体。此外，还有报送不及时等问题。

2.个别代表团组没有提案或者弃权。有的代表团组和基层单位不重视提案工作，认为是"走形式""根本落实不了"，因而不在职工中开展调研，不在职工中收集意见，提案工作敷衍了事，甚至直接弃权。

3.提案的数量少，且有的内容雷同。与职工代表的人数相比，部分企业提案较少，尤其是涉及企业发展、安全生产、技术创新的高质量提案

少。在总体数量较少的情况下，提案内容重复或相似的现象比较突出。这些情况反映出职工代表的参政议政环境尚有待进一步改善，职工群众的参政议政热情还需要进一步激发，职代会提案工作委员会的能动性还需要进一步激活。

（二）征集工作不力的原因分析

1.思想不够重视。有些单位满足于发个通知、提个要求了事，这样是很难取得实效的。只有布置，没有检查。抓而不紧，等于不抓。特别是在很多工会干部都是兼职的情况下，大家手里都有许多工作要做，工会组织如果不积极作为，紧盯提案征集，很难在提案质量与数量上有大的进展。

2.对现代技术手段重视不够。目前，已经有一些基层单位工会建立了提案网上征集处理系统，公开透明，快捷方便高效。现今科技手段日新月异，各种大模型的出现，为提案的征集提供了极大的便利条件。可能有个别工会组织对快速的变化缺乏敏感，对新生的事物了解不够，在筹备职代会工作中，没有充分借助新的技术手段。

3.企事业单位行政、提案委员会与代表团方面也存在支持与重视不够的问题。

三、提案处理落实中存在的问题及原因分析

（一）提案处理落实中的问题

1.承办单位工作不力。提案立案后，承办单位应该进行一对一回复，并形成文字报告，详细说明。但是回复有没有告知到提案人，整改问题有没有落实到位，只用文件作为纸面答复，缺少实际的效果。比如，要求增加文体设施的提案，在实践中需要花很大的精力、物力、财力才能解决，有的需要相当长的时间才能解决。有的承办单位知难而退，答复中出现"考虑解决""正在研究处理"，回复后往往未能落实，提案人多次反映效果不大，导致提案人对承办单位失去信任，对提案工作失去信心。

2.对提案办理重视不够。个别承办单位对办理提案的认识和自觉性有

待提高，办理过程缺乏工作的主动性，办理提案进度较迟缓。没有充分认识到提案办理工作的重要性，因而思想上不予重视，影响了提案办理工作的进度。提案办理工作中各承办单位的配合协作有待进一步增强。部分提案不是一个单位或职能部门就能解决的，需要协办单位配合主办单位共同推动落实。

(二) 产生问题的主要原因

1.企业领导人认识方面的原因。职工代表提出的提案能否得到有效的处理与落实，关键在于单位领导人对这一问题的认识程度和重视程度。个别单位领导人对提案工作不够重视和支持，从思想认识的角度来分析，主要有两个方面的原因。

(1) 对依靠方针和职工的主人翁地位与作用认识不够。在前些年强资本弱劳动的情况下，不排除个别单位的领导人，对职工群众在企业中的主人翁地位，对党的全心全意依靠工人阶级的指导方针，对《宪法》总纲中规定的我国是"工人阶级领导的、以工农联盟为基础的人民民主专政的社会主义国家"的性质，缺乏足够的认识与重视。

(2) 角色差异及局限性问题。每个人对问题的认识都有局限性，职工代表都有自己的工作岗位，由于各自所处的岗位不同、所在的领域不同，因而看问题的角度不同，很难像企业管理者那样对企业整体形势有清晰的认识和对全局工作有准确的分析与研判。客观地讲，一线生产岗位上的职工因其工作的局限性，很难具有一个企业领导人的广阔视野，提出的提案也可能达不到企业领导想要的高度。

2.承办部门及有关人员认识方面的原因。提案处理落实工作的不力，承办部门领导人及相关工作人员的认识不足也是一个原因。某职工代表在提案工作中曾遇到过这样的情况。当时提案处理的程序是提案审理委员会审理立案—行政领导签字—行政办公室交相关处室办理—相关处室直接将处理落实情况答复提案人并抄送提案审理委员会和代表团。有一个部门在承办提案中觉得不应该本部门处理，在处理意见中用领导批示的口吻写"请转××处处理"。这是很不负责的态度。其不认为本处室作为公司的组成部门是代表公司处理此问题的，即使在某些方面有不同意见也应该向领导汇报听取领导指示后再做进一步的行动，而不是直接将一个不负责的答复反馈给职工代表。即使有立案不准、安排的承办单位不尽合理方面的问题，也应该在与提案审理委员会沟通、向领导汇报后，再作回答。

3.技术手段落后的原因。目前，工会的工作，包括提案工作在内的职工民主管理工作的智慧化、数字化建设方兴未艾，可个别单位的工会工作者，在提案工作中仍然拘泥于传统的工作手段。要想做好提案工作，工会工作者应与时俱进，充分利用现代技术手段促进工作的开展。

4.制度与机制不完善的原因。出现提案处理落实工作不力的问题，有认识方面的原因：承办单位要做的事很多，特别是在生产任务、市场营销、技术开发创新等方面压力巨大、十分繁忙的情况下，没有将这些"软"任务太多地放在心上；更有制度建设方面的原因：制度没有构成一个封闭的圆圈，对存在的问题缺乏有效的处理与制衡措施，处理得好与不好也不在意，最多只是不痛不痒批评一下相关人员。

四、提升提案工作质量的对策和措施

(一) 强化宣传形成重视提案的共识

1.广泛宣传发动引导职工群众积极参与。工会组织要通过多种渠道在职工中进行广泛宣传员，大力宣传提案工作的重要意义。要把征集提案的过程当作认真贯彻党的全心全意依靠工人阶级的指导方针、加强企业民主管理的过程；当作深入群众、宣传群众、反映民意、集中民智、完善决策的过程；当作企业的中心任务与重点工作、重大战略部署宣传发动的过程。要深入宣传提案工作的要求、提案的内容、征集的重点、程序和办法，提高广大职工群众对提案工作的认识和参与的积极性与主动性，鼓励广大职工为企业的重大决策献计献策。引导部分职工走出爱发牢骚、空议论的误区，克服消极思维，摒弃"提案无用论""多一事不如少一事"等错误的想法。可通过在微信群中推送优秀提案案例等措施，把大家的积极性调动起来、激发出来，把征集职代会提案的过程，当作宣传和发动职工的过程，凝聚人心共谋发展的过程。

2.提高职工代表的责任意识。工会组织在积极宣传发动的基础上，要组织和引导职工代表明确征集提案的范围和内容，以便能按规定和要求写出提案。要对职工群众的意见建议进行深入广泛的了解，对职工群众的聪明才智进行充分的开发和挖掘，也可将比较集中的意见和优秀的建议反映给本单位的职工代表，由他们作为意见的传递人按照提案的规范和要求写出提案。要提高职工代表的责任意识。职工代表经职工群众选举产生不仅仅是荣誉，更是责任与使命。职工代表要对选举自己的职工群众负责，对组织的信任负责，承担起代表职工群众参与企业民主管理的责任，积极履行好自己的职责，不辱使命。

（二）强化培训提高职工代表的素质和水平

1.加强对职工代表的培训。一是对新任职工代表进行岗位和基础知识培训。每届职代会的代表产生后，应对职工代表进行参政意识、参政能力，表达职工群众利益诉求能力的任前培训。包括提案表怎样填写；提案案由与提案内容如何表述等。二是对职工代表进行民主管理法律法规、方针政策和形势任务的教育培训。要通过专题培训班、短训班、知识竞赛、微信群经常推送相关经验、做法、信息，除了宣传国家关于民主管理的法律法规、党的方针政策、民主管理知识、企业经营理念外，还应对职工代表进行企业形势与任务的教育，避免脱离企业实际。通过培训使来自各个岗位、从事不同工种的职工代表掌握提案的要求，并认识和把握企业在发展中出现的新情况、新问题，提出有价值的提案。三是引导职工代表跳出个人利益、小团体利益的"圈子"，对广大职工群众关心的热点、焦点问题善于分析、归纳和总结。

2.对提案承办单位具体办理人进行培训。若有可能，应该积极向领导汇报取得支持，用简短的时间，对企业综合部门、主要业务部门负责答复处理提案的工作人员进行基本的培训。应重点讲解：提案工作中如何贯彻党的全心全意依靠工人阶级的指导方针；如何积极主动力所能及地做好提案工作；如何负责任有温度地做好提案工作；如何把握答复处理技巧及坚持正确的工作程序等。

（三）强化组织领导，夯实工作基础

1.工会和代表团组要积极作为。一是工会自身要做的工作。各单位工会要根据上级精神及当前工作中心，鼓励代表对当前企业改革建设、创新发展、生产经营以及职工关心的热点问题等进行调研，了解企业改革发展、转型升级、提升核心竞争力的新形势，掌握企业生产经营管理情况，深入思考，写出有情况、有分析、有建议的提案。要从严把关提案的初审。各单位工会要将收集的提案逐件审查，对符合立案条件的予以上报，属于本级解决的问题，及时转本单位行政办理和落实；对内容空泛、建议笼统的提案，及时返给提案人进行补充完善；对一些内容过于宽泛，或过于具体，近期无可操作性的不予上报。通过审查和细致工作，保证上报提案的质量，维护提案的严肃性。二是指导二三级工会、代表团组要做的工作。代表团组及二三级工会在对提案进行初步审理时，对违反政策、制度或是与企业实际不符不能立项的提案要做好耐心细致的解释工作，要注意保护职工代表参政议政的积极性和主动性。应宣传和表彰提案工作的先进集体与个人，通过总结推广二三级工会和代表团提案工作的经验与优秀职工代表在提案工作中的先进事迹，促进提案工作整体水平的提升。

2.职代会提案委员会与企业行政应积极作为。企业行政在职代会提案处理落实工作中有着无可替代的作用，承担着非常重要的责任，理应积极地卓有成效地做好提案处理落实工作。提案委员会当然更有不可推卸的责任。

第二节　提案工作的创新与高质量发展

提案工作同民主管理和工会的其他工作一样，也是要不断地前进、创新和发展。我们要认识和把握提案工作的内在规律，以积极的态度和科学

的方法，适应新时代的要求，促进提案工作不断创新发展。

一、不同层面共同发力

提案质量的高低，彰显提案工作及民主管理工作水平，体现单位的重视程度，反映出工会组织协调能力和整体工作水平。职代会提案一经审查立案，就不再是职工代表个人的意见，而是代表与体现着提案委员会与职代会、企业工会及企业党政的意愿。提案的提出、办理以及后续工作三者之间相互联系，密不可分。应从领导层面、执行层面、提案人及职工代表三个层面共同努力。

（一）领导与主导层面——企业行政、工会与提案委员会切实加强组织领导

公司要从宣传培训、形式创新、督导检查等方面组织开展好各项提案工作。一是要提升各级工会组织的工作能力。工会干部要在职工中广泛宣传动员，大力宣传提案工作的重要意义，正确引导广大职工群众把目光聚焦到企业创新大局上来，把思考集中到企业发展中心工作上来。二是要细化提案办理过程，认真做好提案审理立案和处理工作。提案审核要把握好关键，关注大事、要事，积极引导。提案回复要积极高效，更要认真详细，不仅针对提案人和附议人，更是让提相同问题的职工代表与职工群众都能知晓、都能明白。三是要重视提案回复落实和督导工作。提案要得到切实有效的解决，才能发挥积极作用。加强落实重在行动督导，确保件件有回复、事事能落实。四是要进一步创新提案工作形式。要利用企业网站、办公系统、微信等平台，广开言路，广泛征集职工群众的建议和意见，大力宣传公司的提案制度和民主管理文件，充分调动职工群众提案工作的积极性和主动性。

（二）执行与落实层面——承办单位与部门、二级单位切实承担责任，认真处理

提案的质量高不高、提案是否能够得到有效落实，组织提出提案的代

表团（组），承办提案的责任单位、部门与相关单位都有重要责任。

1.承办单位与部门思想重视，认真处理落实。再好的提案，如果承办单位不能解决提案中的问题，不仅不能发挥提案的作用，还会挫伤提案人的积极性。因此，要从重点与关键环节着手，确保办理质量。要及时做好提案转办工作。提案办理单位受理后，应以高度的责任心，抱着对职工、对企业也对自身工作负责的态度，思想重视，认真办理。在提案处理落实方面所做的工作、办理的事情、走过的道路，要经得起检验。

2.二级单位、代表团（组）要积极做好工作。一是发挥二级公司的作用。二级公司作为公司的组成部分，往往承担着提案落实的重要任务。二级公司、基层单位的领导要对提案工作高度重视。为提案工作的开展提供支持，要严格按照提案征集和处理办法、制度开展好各项工作，对需要基层单位处理的问题做到坚决整改落实。二是发挥代表团（组）和二级工会的作用。要充分发挥基层工会组织的积极作用，在提案处理工作中做好提案人与承办部门的协调沟通工作，不能只是将提案"交上去"应付了事，而是要主动参与和协调好提案提出、提案办理、提案检查监督工作，增强服务意识，达到令人满意的效果。要认真做好基层职代会换届选举工作，真正选出高质量和职工信赖的职工代表，这也是提高提案质量的前提与基础。

（三）基本与主体层面——职工代表、代表团（组）共同发力

撰写提案是每个职工代表的基本职责，提案工作是对职工代表综合素质的考验。提案质量的高低，与职工代表的个人水平有着直接关系。

1.增强职工代表的责任感和使命感。责任感和使命感是职工代表应当具备的精神和责任担当，是职工工作精神境界的体现。广大职工代表要不断增强自身所肩负的责任感和使命感，自觉严格要求自己，勤于学习实践、善于总结提炼、勇于开拓创新，努力提升自己的思想认识和精神境界，切实增强自身素质，增长才干，努力为企业发展和改革创新献计献策，维护职工群众合法权益。要让职工代表认识到提案工作的重要意义，代表广大职工履行职责、承担责任，不辱使命，提出建议、积极"参政"。

2.强化培训提升素质。要高度重视对职工代表的培训工作。可以短期、

专题培训为主，采取自学和集中辅导相结合的方法，对职工代表进行有关民主管理的法律法规、方针政策、依法维权知识的培训，可以通过微信群推送相关知识的方法进行快捷应急的培训。强化职工代表的培训工作，要制订培训计划，明确培训任务，实行培训目标责任制，建立代表培训档案制度、考核制度、评比激励制度、总结交流制度等，引导培训工作取得实效。通过培训，帮助职工代表明确自己的责任、权利和义务，了解和掌握提案工作的要求、程序和方法，有的放矢地做好提案工作。职工代表也要提高学习的主动性，只有组织的培训，自己不用心学习是难以进步的。思想认识要与新时代同步、与企业新发展同步。要认真学习新的政策理论、法律法规、现代企业制度、行业发展趋势等知识，能够跳出个人利益、单位和局部利益的圈子，发扬主人翁精神，站在企业发展大局的高度认识问题。

3.强化担当主动作为。提出提案是职工代表应尽的职责与义务。广大职工代表要深入群众之中调查研究，紧密围绕企业中心工作和群众普遍关心的热点、难点问题，切实了解群众要求，精心撰写提案，力求提案内容充实、立意高远，为企业领导和职能部门做出科学决策提供重要的依据，竭诚维护职工群众的合法权益。要努力拓宽提案征集渠道，牢牢抓住创新发展这个第一要务，紧紧围绕企业发展中的重大问题、全局性工作，按照提案的规范和要求写出高质量的提案。在具体工作中，不仅要按时间要求、工作规范上报，而且要及时将回复结果传达给职工，自觉充当企业各项政策、制度的宣讲人。积极做好处理落实过程中与有关部门的沟通工作，促进提案效果最大化。

4.探索灵活有效的方式方法。灵活有效的方式方法有助于做好提案征集工作。如推行提案征求问询函制度，即在职工代表接到征集提案的通知后，向本选区的职工群众发出提案征求问询函，广泛征求职工群众的意见建议。经梳理归纳后，再就职工群众所想所盼、所急所难的有典型性和代表性的问题进行广泛深入的摸底和调研。充分集中和发挥广大职工群众的聪明才智，发现并分析问题，提出解决问题的思路与措施，最终形成有价值、有分量的提案。这种方法能在很大程度上避免和克服职工代表闭门造车、想当然、提案与企业发展和职工实际需求不符的问题；只见树木，不见森林，所提问题抓不住主要矛盾的问题；平时忙于本职工作，没有时间收集整理提案的问题；等等。

在新时代的伟大历史征程中，要积极探索和完善职代会提案工作，引导职工代表行使好参政议政的权利，提出高质量的提案，汇集起全体职工的聪明才智，为促进企事业单位改革建设、创新发展发挥积极作用。

二、建立遴选与考评机制，提升代表提案工作水平与履职能力

（一）坚持选举竞选制度，切实提高代表素质

1.严把职工代表选举关。《企业民主管理规定》第二十四条规定："职工代表应当以班组、工段、车间、科室等为基本选举单位由职工直接选举产生。规模较大、管理层次较多的企业的职工代表，可以由下一级职工代表大会代表选举产生。"贯彻《企业民主管理规定》，应该坚持和完善职工代表选举制度，避免和防止出现以职代会联席会议选举职工代表及其他形式研究确定的情况发生。要建立健全选举制度、规范工作程序，真正将责任心强、符合条件的职工选举为职工代表。对不能认真履行职责，存在"好人主义"、怕得罪人的代表及时按程序进行调整，让职工代表在包括提案工作在内的各项民主管理工作中真正发挥作用。

2.积极推动竞选制度。已经有一些民主管理工作基础扎实、各方条件相对较好的单位，实行了职工代表竞选制度。鼓励职工群众通过班组推荐、个人自荐等形式，参与职工代表竞选。竞选产生的职工代表，参与民主管理的积极性、责任心等方面更强一些。应该积极推动职工代表竞选工作，把好职工代表入口关，提升职工代表素质，为民主管理的发展与创新奠定坚实的基础。

（二）建立述职报告制度，自觉接受职工监督

职工代表述职报告制度，即职工代表在当选以后，每年度向选举自己

的分厂、车间、班组的职工述职，报告自己一年来履行职工代表职责，参与企业民主管理和民主监督的情况，接受职工群众的监督。职工代表向选举自己的单位（选区）职工述职，主要报告以下几方面内容：参加职代会，参与公司重大决策的情况；向公司职代会提出了几项提案，提案的主要内容有哪些，比较有代表性的提案是什么，公司职代会立案了几项、落实了几项；向车间和班组职工宣传职代会精神的情况；到职工中进行调研多少次，调研的题目和内容，调研结果的上报、反馈与处理的基本情况；到职工中征集了多少意见和建议，效果比较好的有哪几项内容；参加了几次职工代表巡视、发现了几个问题、比较重要的问题有几个等。随着基层民主政治建设的加强和其他组织的代表述职制度的实行，职工代表述职报告制度也应该得到进一步的发展。

（三）建立评议表彰制度，完善激励淘汰机制

1.评议监督制度。此项制度是指职工代表向所在选区的职工群众述职以后，工会应该组织职工群众对职工代表进行客观的全面的评议。这样做，一是体现了职工群众本身的民主权利。职工群众选举了自己的代表，职工群众就有权利对自己选举的代表进行监督评议。二是评议的本身也是对职工代表的尊重。职工代表作了履职情况汇报，职工群众也应该给予积极的回应。这项制度在一些基层单位多年前已经进行了成功的实践。具体的操作和程序上，一般是集团公司职代会的职工代表在二级公司职代会上向选举自己的职工代表述职；二级单位职代会的职工代表在分厂、车间职代会上述职；分厂、车间职代会的职工代表向选举自己的班组全体职工述职。

2.表彰激励制度。建立职工代表表彰激励制度，每年组织职工评选优秀职工代表。工会组织应该建立健全评选优秀职工代表制度，原则上每年评选表彰优秀职工代表。评选参考的主要因素：一是职工代表在选区述职后职工群众评议的情况；二是职工代表提出提案、通过提案参与民主管理的情况；三是工会组织掌握的职工代表个人参加职代会审议讨论的情况；四是职工代表参与职代会专门委员会及工会组织的活动，参加日常民主管理和民主监督的情况。表彰优秀职工代表可以专门发出文件，也可以在职

代会闭幕式上进行。

3.制衡约束制度。一是对职工代表中不能履行岗位职责，职工群众评议监督中意见较大、信任票不足半数的代表，应该劝其放弃代表资格或者撤销代表资格；二是对不能有效履行代表责任的代表（如脱产学习、长期生病等因素）可劝其主动请辞；三是对无正当理由，无故不参加两次大会的代表建议选举单位调整。还有其他一些情况，建议选举单位通过民主程序进行调整补选。这是对职代会负责，对单位的民主管理负责，也是对代表本人负责。

关于对职工代表进行评议、表彰奖励、调整撤换与补选的事项，可以单独建立制度，也可以在单位的职代会实施细则或者民主管理办法等民主管理的文件中加以具体的规范。

三、提案内容与征集处理工作的创新与高质量发展

（一）充分认识并高度重视提案工作的探索创新

创新是一级组织的生命，也是一项工作的生命。包括提案工作在内的职代会工作、民主管理工作及整个工会的工作都应该不断地探索创新发展。

1.充分调动与激发职代会提案委员会的积极性和主观能动性。在职代会提案委员会的职责内容里面增加服务功能，对职工代表进行法律法规、提案相关知识培训，进行提案撰写指导、提案初步摸底，组织提案内容相似的职工代表联合撰写等。拓展职代会提案委员会的工作广度和深度，强化职代会提案委员会与其他专门委员会协作，使职代会专门委员会的作用得到充分发挥。

2.充分认识并借助现代传媒形式。随着现代传媒形式的不断发展，一些大模型等新生事物层出不穷。我们的提案征集与办理工作，包括整个民主管理、工会工作与群众工作，也应适应形势，不断创新发展。

（二）提案内容与征集方式的创新与发展

1.放眼大局，与时俱进。在围绕企事业单位的经营管理、安全生产、

职工福利等问题提出提案的同时，应该从大处着眼，高瞻远瞩，与时俱进。在提出提案时，应更多地考虑如何推动企事业单位的创新发展与提升核心竞争力，如何以更优质的服务赢得客户。

2.借助 AI（人工智能）技术促进提案工作的创新发展。

（1）智能辅助写作：AI 可以快速搜索和归纳大量的信息，帮助提案人在短时间内获取大量的有用信息；可以提供智能辅助写作工具，帮助进行主题提取、关键词推荐；可以帮助整理和表达，以更好地撰写提案。

（2）智能推荐系统：通过 AI 算法，根据历史数据和职代会立案的重点与本次的要求，预测本次的立案重点，供提案人参考，有助于提出高质量的提案和提案水平的整体提高。

（3）智能提案审查与筛选：AI 可以用于自动审查和筛选提案。通过机器学习算法，根据职代会的主题和征集提案的要求，识别提案中的问题并评估其可行性。有助于提高提案委员会的审查效率、准确度和客观性，减轻人工审查的工作负担和人为误差。还可以提供合规性检查和法律咨询，确保提案符合法律法规和组织的规定。

（4）数据驱动的决策支持：通过 AI 进行数据分析和可视化，为职代会的决策者提供实时、准确的数据支持。例如利用大数据和机器学习算法分析职代会提案的数量、内容、讨论热点、通过率等，有助于全面了解和掌握提案的整体情况和发展趋势，为未来的提案工作提供参考，帮助决策者做出更加科学、合理的决策。

（5）评估与反馈：AI 可以帮助进行提案实施后的评估和反馈，对提案的实际效果进行全面分析和评估。通过收集反馈数据，AI 可以提供量化指标和综合评价，帮助提案人和提案委员会了解提案的实际效果和影响，为做好和改进提案工作提供参考和借鉴。可以通过不断学习和训练，提高提案质量和效率。以帮助提高提案的透明度，例如通过区块链技术，让每个参与者都能看到提案的全貌、处理进度、处理质量等。

（三）在提案处理形式创新中充分利用现代传媒平台

在单位的门户网站中搭建一个快捷透明的处理落实工作平台。很多单位的 OA（办公自动化）系统已经很方便，有些工会组织的门户网站也办得有声有色，智慧工会建设更为提案工作提供了契机与平台，这都为提案工作的升级换代、为提案工作的创新发展奠定了坚实的基础。十多年前，已经有单位工会协助企业行政建立了提案处理系统。该系统主要是职工代表在单位的办公网上提报提案，代表团初审后，通过网络上报工会或者提案委员会，提案委员会审理立案、党政领导会议研究确定后转行政相关部门处理落实。提案人、各代表团、提案委员会、工会、提案承办单位同在一个平台上，提案的内容、提案委员会的意见、领导的指示、承办单位的处理意见与进度等在网上一目了然，能有效地提高提案工作的效率、提案的征集与处理落实工作的质量。

 **经验与案例**

发展和完善职代会提案制度　促进××医院整体工作水平提高

职代会提案是职工代表行使民主权利、参与企业民主管理的重要制度，是××医院倾听群众意见、完善各项管理制度的重要途径。近年来，××医院工会积极拓展民主管理的新渠道，大力提高职工代表素质和参政议政能力，规范职代会提案工作流程，建立健全考核激励机制，不断加强职代会提案制度建设，充分调动职工参与的积极性，促进了××医院的持续健康发展。

随着改革发展的深入，职工代表提案工作面临一些新情况新问题，主要表现在提案内容与职工的希望、与××医院的快速发展仍存在差距；职工参与意识淡漠，没有充分发挥主观能动性；一些提案质量欠佳，不具有广泛的代表性；提案处理落实不到位，一定程度上反过来影响了职工参与的积极性和提案的质量等，这些引起了院工会组织的高度重视。在深入分析研讨后，院工会明确将完善职代会提案制度作为强化职代会制度建设、深入开展厂务公开民主管理、促进××医院快速发展的重要举措，全面加强提案工作制度。其主要做法如下。一是加强把关，关注源头，提高素质。把好选举关，充分体现代表的先进性与群众性，在选举职工代表的过程中，力求把那些具有高文化素养和良好思想品质、关心企业改革发展和愿意为职工说话办事的职工选出来；把好培训关，切实提高职工代表素质，通过培训，加强政策、法律、法规的学习教育，强化职工代表们的政治意识、大局意识、核心意识、看齐意识，提高他们参与民主管理、民主监督的水平和能力；提高一线职工在职工代表中的比重，把优秀的职工吸收到职代会中来，搭建职工参与互动的平台，为××医院发展献计献策，真正发挥职代会的作用。二是加强领导，全面发动，精心组织。医院领导非常关注提案工作正常开展，切实加强组织领导，统一部署动员。工会积极营造氛围，提高职工代表思想认识，使他们正确理解做好职代会提案工作的重要性，主动地参与职代会提案工作。近年来，代表们参政议政的积极性越来越高，通过大量提案为××医院的改革建设、创新发展建言献策，充分体现了职工代表的主人翁精神。×届×次职代会上，由某位职工代表提出的《关于医院标准化和智慧医院建设》的提案，建议加强医院各项工作的标准化、规范化建设、大数据共享和智慧医院建设，受到了职代会主席团和医院领导的高度重视，××医院从创新发展、适应新时代、规划愿景目标的高度出发，多次研究、专题部署。三是加强指导，力求务实，确保质量。职工代表在提案的过程中，认真总结过往的经验，结合每年××医院发展的实际，集中集体的智慧，力争提出的每件提案都做到选题贴切、分析透彻、建议可行。近年来，职代会提案聚焦××医院的改革发展创新和管理，聚焦职工关注的热点难点，质量不断提高，许多提案与××医院领导意图不谋而合，提高了领导的决策基础和信心，进一步坚定了院领导推行相关制度的信念。如×届×次职代会上，由某位代表提出《建议建立职工素质教育档案》的提案，受到了院领导的高度重视，结合 2020 年起××医院建立的职工医德档案制度，医院将"医德档案"升级为"素质档案"。"职工素质档案制度"的建立与执行，与医院进一步加强精神文明建设、完善内部管理机制、推进医务人员的医德医风教育和行风建设的目标相一致。职代会提案的落实情况直接影响了代表的参与积极性，也进一步促进了提案制度建设和处理落实质量的提高。为此，医院完善了职代会提案征集与处理办法，规定对所有提案的答复处理意见由医院领导和职代会主席团研究后作出，由有关职能部门负责落实。××医院分管领导对未能立案的提案均作为意见或建议在职代会闭幕式上给予了解释和答复。各受理提案的职能部门在职代会后也尽快拿出了办理意见，全部答复提案代表。××医院还采取多种方式广泛地向职工公示，如召开座谈会、通报会、办理回复等双向交流，进行代表视察、评比优秀提案、测定满意度等监督考核，做到让职工代表满意。四是加强考核，规范运作，不断创新。职工代表提案做到一个议题一张表，需由主要提议人和两个以上附议人联合提议才为有效，且必须通过职代会提案委员会审查确认。职代会主席团对代表提案给予奖励，设立了"优秀提案奖"和"积极参与奖"。严格规定代表提案操作程序，体现了代表提案的严肃性、合理性、权威性。职工代表为提案测数据、找法规、谈体会，以法论事，以证说理，在充分沟通、充分研讨的基础上，达成一致意见。如十届四次职代会收到提案29件，经职代会提案委员会初步审理确认，大会主席团和院领导研究确认，25件为正式有效提案。

目前，全院职工代表都能积极听取所在科室职工的意见或建议，踊跃填写代表提案书，每件提案都能真实反映职工的心愿，为开好职代会提供了可靠保证。代表的提案涉及了业务建设、医院管理、职工福利、后勤建设、科技创新、素质教育等各个方面，充分反映出广大职工关心医院发展的意识在不断提高。职工代表提案的数量逐次提高，质量逐次增强，民主意识逐步增长，职工中正气上升了，反之小道消息、职工意见少了。职代会上，医院领导与代表进行双向交流，呈现埋怨少了，理解多了；困难少了，办法多了；失误少了，成效多了的场面。医院领导与职工拧成一股合力，职工把个人的发展和命运与医院的发展联系在一起，大家心往一处想，劲往一处使，医院形成了齐心协力共谋发展的良好风气。

职代会代表提案制度，已经成为落实党的全心全意依靠工人阶级指导方针，保障职工民主参与权利，促进劳动关系和谐发展，充分调动职工积极性的重要措施，有效推动了医院各项决策更具民主化、科学化，促进了医院持续、快速、健康的发展，医院也获得了多项殊荣。（××医院工会）

××公司×项目部幸福家园再现"提案"热

"请大家坚持实事求是的原则，从教育培训、劳动保护、业余生活、福利待遇、项目管理、经营发展等多方面来提交公司职代会的提案。这也是基层员工向公司建言献策，共谋发展的民主权利……"1月2日，在××公司×项目部早点名会上，项目党工委书记对公司四届三次职代会职工提案工作做出了详尽的安排。

随后几天时间，该项目部职工代表自觉集中在党员活动室内，在对公司相关文件精神理解吃透的基础上，慎重地填写了提案表格。项目党团员也积极行动起来，利用阴雨歇工期组织起来进行讨论、发表个人对征集提案的看法、畅谈自身对项目及至公司民主管理的感受。截至目前项目部共收到27份职工提案，在提案中大家均陈述实际存在的问题、产生问题的原因、解决方案等内容。项目工会委员们经过认真梳理，发现本次职工提案的内容涵盖面广泛，涉及教育培训、休息休假、安全管理、团队建设、业余活动等各个方面。这些提案内容贴合实际、立意新颖、措施具体、集中反映了员工的真实心声。

该项目部党工委自2020年3月建点以来，为更好地适应新变化、迎接新挑战，进一步激发一线员工在项目施工管理中展示新作为、发挥新作用，积极地推行民主管理新模式。项目党政班子成员在幸福家园临建、日常管理、安全生产、质量提升、技能创新、后勤生活等各方面广泛听取员工意见与建议，并设立"合理化建议奖"，进而激励全员群策群力、团结一心的责任担当意识，也真实地体现出项目在民主建设中的创新做法。新年伊始，为了把提案征集工作落到实处，为公司提出高质量的提案，该项目部党工委、工会精心组织，认真部署，从提案的格式、问题的提出、拟采取的措施等进行手把手辅导，让职工代表和广大职工在民主和谐的氛围里畅所欲言，行使民主管理权利，也体现出全员民主共创幸福好前程的夙愿，打开了项目民主管理新篇章。

|第五章|
职工代表如何提出高质量提案

　　提案工作要做好，首要条件是提案质量要高。职工代表要提出高质量的提案，不仅要思想重视、方法得当，还要有丰富的企业管理、生产经营知识，要熟悉党的相关方针政策、国家的法律法规，要对企业的运营情况和中心任务、对行业的趋势、对职工群众的意愿与要求等有准确的认识与把握。

第一节　思想高度重视

职工代表受职工的委托参与企业的管理，要本着对企业和全体职工高度负责的精神，就如何搞好企业的改革建设、创新发展，认真负责提出高质量的提案或建议。要做到这一点，就需要从思想上给予足够的重视，不断提高职工代表特别是提案人的思想认识。

一、思想重视，提高认识

（一）职工代表在思想上重视

职工代表是职工群众选出来的代表，一般都是素质比较高、有一定群众威信、大家信得过的职工。职工代表是代表职工参政议政的，应该对选举自己的职工群众负责。职工代表是职代会提案征集工作的主体。职工群众对企业改革发展问题的意见与建议需要职工代表去思考与研究，选区内职工的意见与建议要靠职工代表去收集与整理，职工权益的维护与实现需要职工代表去努力去推动。职工代表在以职代会为基本形式的民主管理工作中责任重大，而提案是一个法定的参与企业管理、维护职工合法权益的形式，是职工履行职责的一个有效的手段与载体。

1.积极参与管理，反映职工群众的意见与建议。职工代表在接到召开职代会、征集提案的通知以后，应该依据通知的相关要求，研究与思考会议的主题和重点问题，应该积极地到选区的职工群众中去调查研究，广泛听取职工群众的意见与建议，倾听职工群众的呼声，以形成提案的初步意向，之后进行深入的思考，或者同其他代表研究，与代表团（组）沟通并征求意见，提出自己的提案。

2.关注与跟踪提案处理工作中的问题。提案在经提案委员会审理立案之后，企业行政部门与有关单位要对提案进行处理落实，承办提案的行政部门会在处理过程中向提案人通报处理情况，提案委员会也会及时向提案人通报有关进度情况。职工代表作为提案人要及时研究分析提案处理工作的情况与问题，及时协助（督促）承办部门做好处理落实工作。承办部门和提案人之间可能会有认识上不一致的地方，应及时进行沟通，大家共同努力做好提案的处理落实工作。

（二）工会组织高度重视并发挥主导作用

1.共同努力，协同作战。职工代表是职代会提案工作的主体，工会组织、职代会提案委员会、职代会各代表团则是提案工作的主导力量。为什么这么讲呢，因为虽然职工代表的力量与作用是大的，但是只有组织起来，才能有效地发挥出来。如何组织起来？如何有效把职工代表在提案工作中的积极性调动起来？这就需要工会组织、职代会提案委员会、职代会各代表团共同行动起来、统筹协调起来，会同职工代表一起，共同努力做好工作。而在工会组织、代表团与提案委员会这三者中，工会组织又是至关重要的。因为提案委员会、各代表团都是一个相对松散的组织，大家都是兼职，本身有自己的岗位工作，有的委员包括主任委员可能还有别的兼职。而工会作为有人员有场地的组织系统，能够有效指导协调好提案委员会、职代会各代表团的工作，多方应齐心协力共同推进职代会提案工作。

2.加强职工代表培训力度。有的职工代表民主管理知识匮乏，有关方针政策、法律法规知识欠缺，影响了代表提案的质量。对此，工会组织要加大对职工代表的培训力度，对他们进行有关法律法规、方针政策、民主管理、依法维权知识的培训，让职工代表明确自己的权利和义务。

二、强化学习，提高水准

学习型组织强调，要不断改善我们的心智模式，不找任何借口。职工代表在提案工作中应该认识到，认真提出高质量的提案，不仅是职工代表的职责和应尽的义务、是为企业改革发展和为实现广大职工的根本利益献计献策，也是职工代表检验与提高自身的水平、实现自我价值的具体行动。

（一）在不断学习中丰富自我

思想境界与认知水平的提升依赖于勤奋学习、终身学习；工作水平与生活质量的提升也依赖于勤奋学习、终身学习；现实社会的激烈竞争、科学技术的日新月异也鞭策我们勤奋学习、终身学习。这也是学习型组织、学习型社会的理念被广泛接受并不断发展的重要原因。

1.学习马克思主义的经典著作与习近平新时代中国特色社会主义思想。马克思主义经典著作揭示了人类社会发展的基本规律，为我们认识和改造世界提供了基本的世界观和方法论，马克思主义至今仍然占领着人类思想理论的精神高地，《资本论》至今仍被认为是工人阶级的圣经。所以，提升思想境界必须真学真懂马克思主义经典著作。除了学习经典加强理论修养以外，还要认真学习习近平新时代中国特色社会主义思想，学习习近平总书记关于工人阶级和工会的重要论述。

2.学习法律法规与民主管理知识。认真学习《工会法》《劳动法》《劳动合同法》《企业民主管理规定》等工会与民主管理工作的法律法规，学习与掌握民主管理与企业管理的基本知识，学习和掌握劳动保障与安全生产及劳动保护的基本知识以及文化体育活动的基本知识，以有效地维护职工群众的政治经济权益。这是对职工代表的基本知识要求，从某种意义上讲是职工代表的工作工具。

3.学习了解最新的科学理论与管理知识。在这个新知识呈几何级数率发展的年代，在这个新理念与新技术日新月异的年代，我们的思想必须保持足够清醒，才不至于落伍，才能自立于时代的潮头，才能不断地有所前进、有所发展、有所进步，才能在不断的努力中升华人生境界，也才能清醒地有意识地卓有成效地开展工作。

（二）在学习中不断提高

1.在团队学习中提高。职工代表要占领思想高地，守护应有的精神家园，一方面要靠自己勤奋学习、实践磨炼升华自我；另一方面也要靠工会组织培训。基层工会应加强对职工代表的培训、教育和管理，应不断完善和创新培训的方式方法，构建科学化的思想提升长效机制。

2.在分析感悟中提高。学习不是死记硬背条文与知识点。在牢记民主管理有关法律法规和党的依靠方针等重要政策要点的同时，紧密结合实际加以应用，以指导工作，自我提高。如在关于对提案处理落实这一问题的看法上，就应该全面客观地来认识与理解。有的提案人认为，我提的提案，没有完全落实、没有彻底解决，就不算落实。而承办部门的人会认为，我已经认真处理落实了，有的事项无法做得完美，这样就应该算解决了。两者认识是有差异的，而这涉及对提案处理落实的评价。承办部门应该认识到，在提案立案之后应该尽力解决落实好，一是对职工代表和职代会的尊重，二是自己的责任与义务，三是可能会有做不到的地方。而职工代表提案人要认识到，我们自己的认识也可能有局限性，所提问题不一定完全与企业实际相符合，企业可能确实有自己的难处，事情的解决要有一个过程。所以，不论是承办部门还是提案人，都应该学会从对方的角度来观察与分析问题，在全面分析与思考中提高自我，在工作的过程中感悟提升自己。

（三）在强化学习中快乐工作

许多成功人士的基本经验是，坚定的信念与意志，积极的心态与努力的奋斗，独到的眼光与正确的选择。在我们的生活与工作中，能否有所作为、有所成就，拥有积极的、阳光的、乐观向上的、不断努力与进取的心态，是主要条件，是前提与基础。职工代表在提案与民主管理工作中，应该把握以下三点。

1.不断提高自身素质。要提高我们对提案工作及整个民主管理工作的认知水平，就要不断加强学习，学习企业民主管理的知识、企业管理的知识，提高自身的知识水平、政策水平、理论水平，进而提高自身的素质。要按照建设学习型组织的要求，学会换位思考，尝试从他人、从工作对象和服务对象的角度去分析、思考和认识问题，从而使工作处于不败之地。

2.勇于作出奉献。职工代表都有自己的本职工作，在工作之余参加企业民主管理工作肯定要占用时间。但既然当选了职工代表，就要积极努力，不辜负大家的期望与厚爱。要乐于奉献，不怕苦、不怕累，努力把提案工作做好，把职工民主管理工作做好。

3.不断有所进步。提案与企业民主管理工作中还存在一些问题，也面临一些新的情况、新的挑战，但同时也是机遇。停止的论点、悲观的论点、无所作为的论点都是错误的。进步一点是卓越的开始，创新一点是领先的开始，多做一点是成功的开始。要以一种积极进取的态度进行工作，不断地进行创新和发展，推动提案工作和企业民主管理的发展。

三、注重实践，强化能力

（一）在实践中提高思想水平

1.在实践检验中提高认识水平。除了善于学习之外，还需在现实工作中不断实践，达到知与行的统一。面对本职工作岗位自身艰巨的工作任务如何具有良好的心态？面对自我可能存在的惰性如何战胜？面对各种诱惑如何从容应对？现实工作和生活中有一系列艰难的事项和问题等待我们作出正确的判断与抉择，思想境界的高低将在这些现实考验面前一览无遗。

2.在向群众学习中登上思想高地。职工群众是真正的英雄，群众中蕴藏着无穷的智慧与力量。向职工群众学习，从会员群众中汲取营养也是提升思想境界不可或缺的重要方法。应该深入职工群众中调查研究，倾听群众的意见与建议，学习职工群众中鲜活的思想与理念，不断丰富我们的精神家园。只要有独上高楼、望尽天涯路的决心，有衣带渐宽终不悔、为伊消得人憔悴的毅力，最终必然能收获蓦然回首，那人却在灯火阑珊处的顿悟，登上思想文化的高地。

3.在动态的学习中不断升华自我。人类对事物的认知是不断发展变化与前进的，科学知识与技术是不断发展与进步的，在新知识新技术井喷式发展的当下，职工代表面临的情况与问题也是不断变化的。因此，我们要想占领思想的高地，就应该有强烈紧迫感与危机感，应该在动态中努力学习，在不断地发展变化中拼搏进取。

(二) 在实践中提升个人能力

能力即才干，也就是指人们通常所说的做事的本领。作为一个职工代表，其应当具备的基本能力有如下两点。

1.参与能力。这是指职工代表代表职工参政议政，代表和组织班组职工参与班组乃至企事业单位民主管理的能力。参与能力主要表现在三个方面：一是积极参加职代会，代表选区的职工行使民主管理的权利，审议企业重大决策，代表职工群众提出有价值的意见与建议；二是积极提出提案，为企业的改革、创新和发展，为改善职工的生产生活条件，献计献策；三是积极参加职代会专门委员会和工会组织的各项民主管理活动，强化日常的民主管理和民主监督。

2.维权能力。维权能力是职工代表维护选区职工群众、工会组织，以及自身合法权益的能力，具体包括维护职工群众经济利益的能力、维护职工群众政治利益的能力、维护职工群众文化利益的能力、维护职工群众社会利益的能力，以及维护工会组织、工会积极分子和职工代表自身权益的能力等。能力是一种方法和技巧，它可以通过参加学习培训获得，可以通过向他人学习借鉴获得，更重要的也是最主要的方式方法，是自己在民主管理的实践中不断努力，通过感悟获得的。

(三) 不断实践，善于总结

实践、认识，再实践、再认识，循环往复，以至无穷，这是辩证唯物主义认识论所揭示的人类认识发展的总规律。总结实践经验是人类认识链条上的重要一环。没有对实践经验的深刻总结，感性认识不可能上升到理性认识，更不能回过头来更好地指导实践。总结实践经验的目的就是找出成功的原因和失败的教训，从中认识和把握规律性的东西，以指导人们把工作做得更好。职工代表要善于不断总结提案工作和民主管理工作实践经验，对自己做过的工作及时总结、概括和分析，既看到自己取得的成绩和经验，又要看到存在的问题和不足，从中发现某些规律性的东西，预见其发展趋势，从而找准自己继续努力的切入点，这是一个综合素质能力提高的过程。

1.明确总结的要求。总结的角度要站得高，就是说搞好总结，必须从大局着眼，从小处入手，把所要总结的工作放在大形势下和全局上进行观察思考，这样才能揭示事物的本质，把握工作的规律。总结的内容不能事无巨细，眉毛胡子一把抓，而是要围绕服务大局，以科学理论为指导，经过深入反复思考，透过现象看本质，提出独立见解，使总结的结论符合事物的本来面目，符合规律。

2.把握总结的原则。对提案工作的总结要有明确的目的性，要通过总结找出工作的得失，提高自身素质和能力，提高驾驭工作的能力。总结要把握准确性，即总结工作要实事求是，要把立场、观点、方法搞对，只有出发点端正，方法路径正确，尊重事物的本来面目，才能使总结出来的经验经得起实践和历史的检验。总结要突出理论性，所谓理论性，主要是指在总结工作中，不要就事论事，而是要就事论理，把主观的感性认识上升为理性认识。理论性既是工作总结的特点，也是起码要求。要通过对提案工作的总结工作来提高自身的素质，就必须用辩证科学的态度和方法对待总结，从自己的工作实践中发现问题或者矛盾，进而发现和分析自己素质中不适应的因素，看看别人是如何处理的，从中找出规律性的东西，战胜自己，不断提高。

第二节　深入调查研究

职工代表在起草与填写提案表前应认真进行调查研究，广泛听取职工群众的意见与建议，切实保证提案质量。提案必须具有严肃性、科学性和可行性，力求实事求是、重心突出、言之有据、分析清楚。

一、调查研究的重要性与方法步骤

（一）充分认识调查研究的重要性

调查研究是我们做好工作的基本功，正确的决策离不开调查研究，一个优秀的提案同样也离不开调查研究。调查研究，是对客观实际情况的调查了解和分析研究，目的是把事情的真相和全貌弄清楚，把问题的本质和规律把握准确，把解决问题的思路和对策研究透彻。调查研究必须坚持实事求是的原则，树立求真务实的作风，具有追求真理、修正错误的勇气。调查研究一定要从客观实际出发，不能带着事先定的调子下去，而要坚持结论产生在调查研究之后，建立在科学论证的基础上。调查研究，包括调查与研究两个环节。调查研究的根本目的是解决问题，调查结束后一定要进行深入细致的思考，进行一番交换、比较、反复的工作，把分散的认识系统化，把粗浅的认识深刻化，把碎片的思维完整化，直至找到事物的本质规律，找到解决问题的正确办法。

调查研究的过程，是我们提高认识能力、判断能力和工作能力的过程。通过深入实际调查研究，把大量和零碎的材料经过去粗取精、去伪存真、由此及彼、由表及里地思考、分析、综合，加以系统化、条理化，透过纷繁复杂的现象抓住事物的本质，找出它的内在规律，由感性认识上升为理性认识，在此基础上作出正确的判断。调查研究方法也要与时俱进。在运用传统有效方法的同时，要适应新形势新情况。特别是结合当今社会信息网络化的特点，进一步拓展调研渠道、丰富调研手段、创新调研方式，学习、掌握和运用现代科学技术的调研方法，如随机调查、网络调查等，并逐步把现代信息技术引入调研领域，提高调研的效率和科学性。

做好新形势下的调查研究工作，要坚持以习近平新时代中国特色社会主义思想为指导，紧紧围绕党的路线方针政策和中央重大决策部署贯彻执行。要结合企业的实际与职代会的议题，并根据单位召开职代会的通知及有关提案方面的要求进行。

（二）调查研究的方法步骤

1.实地调查研究。开展实地调研就是自己通过身临其境地去现场了解，掌握第一手资料的调研方法。其优点是调研内容生动、直观。缺点是要花费较多调研时间，且调研真实性跟调研人的主观性关系较大。

2.问卷调查研究。以问卷的形式开展调查研究，就是将所要了解的情况通过问卷的形式发放出去，然后统计收回问卷中各问题所占的百分比例来获取调研信息的一种调研方法。这种调研方式优点是在短时间内就可获得相关调研信息。不足的是被调查单位与人员的配合程度会存在差异而可能影响调研效果。

3.抽样调查研究。可以在调研对象中按一定比例抽取相当数量的对象开展调查研究，再将调研结果按抽取的相关比例进行相应放大的一种调研方法。其优点是在一定程度上杜绝了人为因素，可以获得相对准确的调研信息。不足之处是也存在一定偶然性。

4.会议调查研究。这是可以请调研对象以座谈开会的形式直接获得信息的一种调研方法。这种方法是比较常用的一种调研方法，其优点是所用时间短，调研工作效率高。不足之处是真实性上、调查的深度与广度上可能存疑。

5.访谈调查研究。就是通过走访不同的人群，不同的调研对象来获取调研信息的一种调研方法。其优点是调研所获得的信息准确性高，有助于问题的深入了解。不足之处是人力物力成本相对较高。

6.文献资料调研。也就是通过查阅相关文献来获得调研信息的调研方法。这种调研方法主要是为了获取调研事物的一般性发展规律或其演变过程而采取的一种调研方法。其优点是不受时间空间的限制。其缺点是有的资料时间久远，不够鲜活。

二、思想融入，与职工的心声同频共振

（一）用心调研，倾听和了解职工的心声

调查研究，首先是耐心。调研不是一锤子买卖，往往需要反复走访、长期关注，保持一股"不破楼兰终不还"的韧劲。其次是细心。处处留心皆学问，"蹲下去看蚂蚁"，就能跳过粗疏抓到细节，透过表象看到本质。最后，还需要虚心。调研的过程就是向职工群众学习的过程，也是从职工群众中寻找解决问题的办法的过程。摆正自己的位置，真心诚意拜职工群众为师，老老实实向职工群众学习，用职工群众的智慧丰富头脑和心灵，工作起来才能无往而不胜。调查研究务必深入、扎实、有效，把普遍问题找出来、把真实情况摸上来。没有调查研究，就没有发言权。加强学习和调研，是我们进入新时代、适应新任务的内在要求。

真正搞好调研，在"要调研"的觉悟之外，更需有"会调研"的能力和"肯调研"的初心。试看调研中各种形式主义虚浮症，无论走马观花、浅尝辄止的踩点式调研，还是报喜不报忧的盆景式调研，最根本的问题就在于只注重调研形式，忽视了为何调研的初心根本。调研偏离初心，便会如"井中葫芦""水中浮萍"，表面上花哨好看，实际上难堪一用。不患无策，只怕无心，调查研究"身入"之外，尤其需要在"心至"上投入精力。

（二）拜师求教，从职工中汲取知识和力量

为了做好提案工作，我们必须从职工群众中汲取力量。应深入实际、深入基层、深入群众，多层次、多方位、多渠道地调查了解情况。搞好调查研究，一定要从群众中来、到群众中去，广泛听取群众意见。要放下架子、扑下身子。可能有的代表会问，我本身就是群众，是一线职工，还需要下那么大的功夫去职工中调查研究、深入群众吗？许多职工代表本身就是一线职工，平时与职工群众接触较多，这是事实，也是一个有利的条件。但问题是，个人的认识总是有局限性的，当上代表后，说话办事就不是一个人的行为，而是代表选区的职工来参与民主管理的。特别是对集团

公司来说，真正来自一线的职工代表是有限的，职工与领导对职工代表是寄予期望的，作为集团公司的职工代表，既是来自某一选区的职工代表，同时也是全集团职代会的代表。认识与观察问题，思考与分析问题，不光要对选举自己的选区的职工负责，还要从更高的角度，从全集团的角度，从党和国家的大局来认识与看待问题。所以，必须更多地听取身边的职工群众的意见与建议。这样做，一是帮助自己开阔思路，因为集体的力量是巨大的，团队的大家的智慧肯定比一个人的智慧更多。二是对职工群众的尊重，应该吸取大家意见。三是可以帮助自己完善提案。集中大家的意见，提出案由之后，进一步听取大家的意见，会使提案进一步完善。四是责无旁贷。《企业民主管理规定》在规定职工代表权利的同时，也规定了职工代表的义务，不少单位的职代会实施细则或民主管理办法规定了职工代表接受职工群众监督的具体内容，职工代表有责任有义务广泛听取职工意见。

三、开阔视野，以博大的胸怀兼收并蓄

三国时的诸葛亮，在当时交通、信息等不发达的情况下，综观天下，深入剖析形势，才有了著名的《隆中对》。我们今天的信息渠道是多么发达，一键上网，微信、QQ 的交流是多么方便，许多人几乎在同时接受一条信息，我们有比三国时优越了不知多少倍的掌握与了解信息的条件。

（一）学习借鉴他人的做法与经验

1.取人之长，补己之短。他山之石，可以攻玉。这句话的含义是别人先进的、成功的经验，我们可以拿来解决自己的问题。学习借鉴别人的经验，将别人一些成功的做法移植过来，可以少走一些弯路，可以避免别人在实践中出现的问题，在一定程度上会有事半功倍的效果。提案工作也是一样，对于一个新的代表来说，一开始不知道如何下手，通过接受培训、向老代表请教、向优秀提案人学习，可以提升自己初始水平，为以后进一步提高打下好的基础。

2.结合实际，消化吸收。想有效地学习他人的经验与做法，一定要结合自身的实际，不要生搬硬套、移花接木。在这个问题上向老的职工代表、向优秀的提案人学习，主要是学习他们的思路，学习他们提出问题、观察与分析问题的方法，学习他们深入调查研究的工作态度。如学习他们提出提案的角度、高度，案由的价值，支持案由的论据与数字，建议的合理性与可操作性等。把别人的经验变成自己成功的做法并不是一件容易的事，要经过消化、吸收，要透过现象看本质，由表及里、由外向内。学习别人经验的过程，也是提高自身能力与水平的过程。

（二）广泛涉猎与掌握多方面的知识点

社会发展到今天，我们获取知识与信息的手段如此之多，如此方便快捷，我们应该充分地加以利用。我们在坚持自己主业的同时，也应该涉猎更多的新知识。就像要造楼，楼越高，地基越深，地基面越宽。竹笋，在长出地面之前，用三四年的时间发展自己的根系，汲取营养，为自己积蓄能量，而一旦破土而出，就会快速生长，甚至能听到拔节的声音。我们作为职工代表，要想提出高质量的提案，提升自己参与民主管理的水平，是否也应该像竹子一样，不断地汲取集聚能量，不断地学习借鉴，下功夫来扩展自己知识、技术、学问的"根系"呢？

第三节　精心撰写

撰写提案是每个职工代表的职责，是对各位职工代表综合素质的考验。提案质量是提案工作的生命，只有高质量的提案，才能更好地达到建言献策、参政议政、维护职工合法权益的目的。职工代表要积极围绕企业中心工作和群众普遍关心的热点、难点问题，精心撰写提案，力求提案内容充实，视觉新颖，立意较高，切实为领导及管理部门作出科学决策提供重要的参考依据。

一、立足大局，围绕中心

（一）要有大维护的理念

1.注重维护职工的根本利益与长远利益。职工代表提出提案维护职工群众的具体利益无疑是正确的，也是应该的，是职责所在。但是我们应该认识到，企业职工与企业是利益的共同体，职工与企业在整体上讲，利益是一致的。俗话说，大河有水小河满，大河无水小河干。企业的发展、企业的效益提升是实现员工利益的基础，企业亏损情况下员工利益的实现就成了无源之水、无本之木。因此，职工代表作为企业的一员，我们在思考与提出问题的过程中，在认识和看待具体问题的时候，应学会将眼界放得更宽一些，看得更远一些，站得更高一些，正确认识具体利益与整个利益、眼前利益与长远利益的关系。在维护职工具体利益的同时，维护职工的整体利益、根本利益和长远利益。

2.党政的维护是更有力的维护。习近平总书记在庆祝"五一"国际劳动节暨表彰全国劳动模范和先进工作者大会上的讲话强调"实现好、维护好、发展好最广大人民根本利益，特别是要实现好、维护好、发展好广大普通劳动者根本利益"。我们应该认识到，企业中党政领导，特别是党组织的领导，是注重与关心职工利益的，党政组织对职工利益维护的力度往往要比工会维护的力度大。我们要积极向党政领导汇报涉及职工群体切身利益方面的问题，取得支持，以更加有力有效地维护职工群众的合法权益。

（二）要从全局高度进行思考

中国工人阶级是领导阶级，企业和职工是利益共同体，这决定了以职代会为基本形式的民主管理工作以及工会工作是党的群众工作的一部分，是企业整体工作的一部分。企业民主管理是企业领导体制的组成部分、国际上管理民主化的趋势、中国基层民主和政治文明不断强化的现实，站得高一些，才能看得远一些。"不谋全局者，不足谋一域。"提高职代会提案的质量，推动以职代会为基本形式的职工民主管理，要想有所作为，要想卓有成效地进行工作，要想有声有色地进行并取得好的成绩，一定要有大局意识，一定要学会从全局的高度，从更高的层次来认识和分析问题。这个大局，不光是企业的大局，也包括整个行业乃至全国的大局。要改变认识上的误区，改变我们自身的局限性，从大局、从整体、从更高的水准来找准自己的定位。这样，我们在提出提案、参加职代会审议企业重大决策、推动企业民主管理工作中才能更加有的放矢、卓有成效。

有的单位提案工作之所以好，提出的提案质量高，就是提案人从全局出发，站在企业的高度而不是站在某个分公司、车间班组的角度考虑问题。

（三）要同自己的角色相适应

职工代表，顾名思义，是职工选出的代表，是职工群众的代言人，必须围绕大局开展工作，要对选举人负责，履行好职责，不能害怕矛盾，无所作为，平淡"无味"。要当好职工代表，必须得民心、顺民意，扮演好两个角色。一是做职工合法权益的维护人。随着社会主义市场经济的发展和企业改革的深化，企事业单位内部的劳动关系更为复杂，引入市场竞争机制后，劳动用工制度、职工就业方式、利益分配方式日益多样化，职工的利益容易受到侵害。在这种情况下，职工代表一方面要积极支持党政领导推进改革的深化；另一方面，必须根据《劳动法》和《工会法》的要求，维护广大职工群众的合法权益。二是做职工参与管理的代言人。在深化改革中，职工对自己的代表的期望值越来越高。职工代表要认真履行职责，为职工说话、办事，不辜负职工的重托。为此，在提出提案和参加职代会过程中，要注重发挥源头参与的作用，反映职工关注的热点、难点问题，使党组织和行政领导了解基层工作的真实情况，听到一线职工的真实声音。

二、把握重点，确定案由

（一）把握基本原则，成就提案选题

一般地讲，职工代表提出提案所遵循的原则应该与提案委员会立案的

原则一致，但也不应追求完美与统一。毕竟，各自所处的位置、观察与思考问题的角度是有区别的。

1.符合党的方针政策、国家的法律法规的问题。职工代表提出提案，在思考提案的案由与中心思想时，必须符合党的方针政策、国家的法律法规，这是基本原则，是我们观察与思考问题、认识与分析问题的基本遵循。

2.企业改革建设、创新发展的重大事项、涉及职工切身利益的重要事项。企业改革发展的重大问题，如企业的发展方向、企业的大政方针、企业的经营理念、企业的转型升级、企业的核心竞争力等问题，涉及企业的生存与发展，也与广大职工的根本利益与长远利益息息相关。职工作为企业的主人有责任有义务来关心关注，更别说是职工代表了。职工代表提出提案围绕企业重大问题和涉及职工切身利益的事项建言献策，参加职代会审议企业重大决策，责无旁贷、义不容辞，应该积极努力做好。

3.大家普遍关心的共性的重大事项。企业的某个发展阶段，一般都会有职工群众普遍关心的重大问题、热点问题。如单位整合，大家会关心自己的去留、下一步的发展，也会关心新产生的上班的交通问题，能否发放交通补贴或者增加交通补贴；又如地区房价快速上涨，大家会很关心单位的经济适用房建设、关心配售办法的公平公正公开问题等。当然，这些问题能否彻底解决或者解决到什么程度是另外一个问题，但是，大家普遍关心的问题、热点问题，是应该作为提案提出来的。

（二）确定合适案由，明确重点目标

1.确定案由，明确重点任务。在进行了充分的调查研究之后，基本上就可以确定自己要提什么提案。在这种情况下，职工代表提案人应该对从职工群众中征集的意见与建议、职工群众的真知灼见及网上或者其他渠道收集到的一些有关本行业发展的信息资料，平时了解与掌握的本企业的重要工作部署、党和国家的大政方针、召开职代会的通知中对提案工作的要求等情况进行综合性的分析与归纳，然后有效地加工与提炼，确定自己的提案的案由与题目，明确自己将要提出提案的重点内容和工作目标。

2.明确目标，完善资料。对于一些心中有数的代表来说，根据日常对问题的分析与观察，已经基本确定了要提提案的题目，再通过进行细致的调查研究，可以进一步丰富自己的数据与资料，更好地完善提案的内容、更详细地阐述自己的建议意见。职工代表也要在实践中修正自己的认识与观点，改变原来一些不切实际的想法。

三、破除困局，提早着手

（一）破除不敢提、不愿提的困局

1.坚定信心，以对企业、对职工和对自己负责的态度提出提案。在提案工作的实践中，的确有一些职工代表由于平时工作忙，没有把提案工作摆到一个应有的高度，有着多一事不如少一事的认识，不愿意下功夫费时间去调研、思考提案的问题。或者即使提了，也是碍于代表团（组）、工会组织的情面，象征性地提一些无关紧要、不痛不痒的问题，应付差事，交账了事。也有的害怕自己提的提案质量不高，不能立案被他人笑话，或者怕得罪承办部门，不愿意去提。甚至还有的职工代表觉得提了以后，领导要在大会上报告每个人提出提案的情况，于是不想让领导在会议上念出自己的名字，如此等等。这里有工作忙顾不上的问题，有不必要的心理负担的问题，更有责任与担当的问题。应该说工作忙不是理由，怕这怕那、瞻前顾后的心理负担没有必要。企业的领导者，能走到领导岗位，都是有一定素质的，若连职工代表通过正常程序，按规定行使民主管理权力提出的提案都挑三拣四，求全责备，是不可能在领导岗位上立足的。相反，职工代表应该坚定信心，以对企业、对选举自己的职工群众高度负责的态度，去积极地提出提案，履行好自己的职责与使命，不辜负大家的信任与期待。

2.相信自己，能够提出高质量的提案。这里面有两个问题：一是相信自己能够在实践中提出高质量的提案；二是能够在热点与敏感问题上表述自己的意见。对于第一点，我们应该认识到，人们对问题的认知是一个过程，越害怕，越提不好；越提不好，越害怕。这是一个恶性循环，解决的

办法，就是要立即终止，就是要坚定信心要有积极的心态、满腔的热情去做好这件事情。对于第二点，在热点问题上善于发表自己的意见，这也是锻炼自己综合分析与认知能力的有效尝试。只是在过程中，要注意把握大局，在遵循党的方针政策和国家的法律法规的前提下，准确地反映职工群众的意见与建议。这也是促进企业和谐发展应该做的事情。

（二）提前撰写，放一放再修改

撰写提案的过程也是我们不断思考和认知的过程，是我们认识不断提高与升华的过程。

1.提前撰写。一般情况下，单位的职代会是有规律的，大致什么时间开是有时间规划的。掌握了这个规律，职工代表就可以提前下手，提前思考自己准备提什么问题。所要提的问题，也即案由确定以后，就可以在日常工作中注意收集资料，撰写提纲，广泛地调查研究，请教咨询，不慌不忙，从从容容地进行，不断地修改完善。

2.放一下再修改有好处。提案草稿起草出来以后，放一放，去做手头别的工作。这样做的不足之处是打乱了自己原来的工作思路，但好处还是不少的。你可以有时间去发现一些新的情况与问题，找到一些新的材料与论据，发现原来认识中的不足与欠缺，重新升华我们的认识与境界。这是很多人在写文章、起草文件及其他重要文稿中屡试不爽的办法，相信同样适用起草和提出提案的过程。

四、精准表达，字斟句酌

（一）案由精准，资料翔实

1.精准表达提案案由。提案的案由是题目，是纲领，是宣言，是提案的核心内容。对于提案的案由，要精雕细刻，反复品味。既要反映与表示出提案的核心内容、告知人们要提出的主要问题，也要简单明了，高度概括；既要让人们一看就知道提的是什么意思，也要用词新颖，朗朗上口，让人们印象深刻。提前下手做好提案的准备工作，可以反复考虑提案的案由，多思考一些方案，尝试从不同的角度来提，在多次的比较、分析与鉴别中确定提案的案由。

2.补充调整完善资料。一篇文章，论点是靠论据来支撑的。一件优秀的提案，案由是要由翔实的数据图表资料、透彻的分析论证材料来配套的。案由再新颖，没有翔实的、完善的数据支撑，没有逻辑严密的分析论证，是不能说服提案委员会来立案的。数据方面，可以是本单位的相关的数据资料、同行业的相关数据资料，也可以是更广泛的相关数据资料。一般地讲，数据越翔实越好，越配套越完善越漂亮。分析论证方面，主要应该有符合党的方针政策和国家的法律法规方面的分析，行业前景与发展趋势分析，企业状况与群众建议分析、逻辑分析等。如我们提出一份关于加强企业节能减排环境治理的提案，一般地讲应该有党的二十大报告中关于环境保护方面的论述、国家关于环境保护和节能减排的法律法规、世界节能减排发展趋势、企业的节能减排与环境治理的现状，上级组织的要求与部署，企业职工的意见与建议等。

(二) 斟酌文字，语言优美

一件提案，案由确定，数据资料及论证分析基本完成后，就几乎完成了主体工程，下面就该修改完善了。中国的语言文字太丰富了，丰富的好处是给予了我们多重选择的机会，充分地、完善地、形象地表达自己意思的机会。如果我们简单了事、随便应付，容易词不达意，效果大打折扣。为了使我们的提案既能全面体现与反映案由的意思，又简要明了；既朴实无华，又有深度、高度、真知灼见；既抓住关键要害，击中痛点，又容易让提案委员会在审议时能够立案，在语言上应尽可能反复斟酌，使之更加准确、科学、优美。总之，应积极努力，认真负责，有语不惊人死不休的精神，这样就一定会提出有分量、有高度、有深度，职工群众高兴、领导认可，语言朴实、文字优美的提案。

(三) 建议具体，操作方便

提案的内容主要有两部分组成，前面一部分是存在的问题或者我们对某一问题的意见与看法，后面一部分是解决问题的意见与建议。为了促进问题的解决，或者说为了方便企业行政有效地解决提案提出的问题，应该提出具体的意见与建议，如果能够提出可操作性强的意见更好。这不仅是完整提案的组成部分，而且从另一方面也彰显了提案人作为职工代表的主人翁意识、责任与境界。

有人说，21世纪的战争是班组长的战争。为什么？因为班组长在生产工作的第一线，对一线的情况，对前线的战事了如指掌，在一定意义上讲，比企业的领导者和上级的指挥员还要清楚。所以，来自一线的建议方案往往具体、有针对性与可操作性，这是一线的优势所在。不足的地方是缺乏对整体的把握与掌控。一线的建议加之主管部门的努力，往往容易促进问题的解决。所以，职工代表作为提案人在提案的建议部分，应尽可能地具体，以方便承办部门了解提案人的真实想法、了解提案的详细情况；要尽可能地向有关专业部门或管理人员请教，帮助提高。提的不完善不要紧，可以在过程中在实践中加以完善，与承办部门共同努力促进问题的解决。

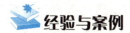 **经验与案例**

职代会提案由关注小家转向关心大家

某医药公司深入开展企业民主管理工作，职工代表提案"提质增量"，由关注小家转向关心大家。

"建议公司积极引进高端人才，强化国家重大创新药研究，尤其是一类新药的开发力度，并尽快实现产业化生产，积极转换企业的发展动能。同时，对于当前不稳定的产品在生产过程中多方面优化生产工艺，实现顺利稳定生产，满足车间生产与市场需求。"日前，×公司×届×次职代会上，一份职工代表的建议引起了与会者的共鸣。该公司董事长深有感触地说："一名普通职工代表能有这么高的站位，指出我们的'短板'，非常难能可贵，这样的提案很有分量。"

据该公司工会主席介绍，职工代表提案工作一直是该企业民主管理工作的重要方面，这些年随着职工队伍的壮大和整体素质的提高，提案的内容也由更多关注"自我"逐渐转向关心企业的长远发展上。

谈起这些变化，工会主席感慨道："近些年来，企业性质尽管发生了变化，但职代会制度一直坚持从未改变，对职工代表提出的意见和建议，企业领导更是格外重视。"无论是职代会期间还是闭会期间，从工会、领导班子到董事会都十分重视职工代表的提案工作，做到"件件有着落，事事有回音"。

"能会上及时解答的，绝不拖到会后去解决"，在近些年的职代会上，董事长及总经理对职工代表提出的提案都逐一进行回应、安排落实，受到职工代表的普遍欢迎和好评。

为了让职工代表的提案、建议更有针对性，该公司工会也不断改进和创新提案工作的渠道与方式，采取会前会后结合、会上会下结合、个人联名结合等，使代表提案和建议更能汇集民意，发挥作用。

如今，该公司职工代表的提案质量越来越高，不少提案很有水平。如某位代表提出的"应针对每次国内外质量认证、质量审计的具体要求和缺陷项整改组织专门培训，通过熟知与掌握不同国家和新增的生产控制要求，完善生产全过程的质量控制，避免同类问题的重复出现"。如此等等。这样的提案契合实际，切中要害，说明大家对改革和加强企业管理要求很迫切，表明我们的职工代表有思想、有水平、有境界。

职工代表提案的"提质增量"，在××××年的职代会上得到充分体现，职代会共收到提案、建议108件，同比增长30%，针对性、可操作性强的亮点提案大幅增加，职工代表的"参政议政"意识、履职能力得到显著增强。

职工代表述职报告（范例）

大家好：

我是公司职工代表××，我现在向选举我的车间各位职工报告在任职工代表期间参与公司民主管理的工作情况，报告自己履行职工代表岗位职责的情况，请选区的各位职工与同志们审议与评议。

（一）如何在职代会上审议行政工作报告、审议公司涉及职工切身利益的重要规章制度与公司重大决策（具体情况略，下同）。

（二）如何向车间和班组职工宣传职代会精神。

（三）到职工中进行调研多少次？调研的题目和内容，调研结果的上报、反馈与处理的基本情况。

（四）到职工中征集了多少意见和建议？向公司职代会提出了几项提案，提案的主要内容有哪些，比较有代表性的提案是什么，公司职代会立案了几项，落实了几项。

（五）参加了几次职工代表巡视。发现了几个问题，典型的有几项，比较重要的问题有几个。

（六）参与民主管理和民主监督的体会。

（七）下一步打算。

以上是我的述职，请大家审议。

×××× 年 × 月 × 日

附例：职工代表述职报告

各位领导、选区的各位职工同志：

我现在向大家报告自己履行职工代表岗位职责的情况，请审议。

职工代表是公司与广大职工之间联系的桥梁，是广大职工心声的反映者，起着一种承上启下的纽带作用。作为一名职工代表，我感到非常光荣，同时也感到肩负的责任和重担。因此，担任职工代表以来，我始终围绕中心，服务大局，团结和带领技术部全体人员，积极主动地完成了各项目标任务。作为职工代表，我也在为职工服务的过程中不断提高自己的思想认识水平。现将 ×××× 年以来履行职工代表职责情况述职如下，不妥之处，请大家批评指正。

（一）注重学习，始终保持思想上的先进性。一年来，我始终坚持理论学习。认真学习贯彻习近平新时代中国特色社会主义思想，学习有关民主管理的方针政策和法律法规，学习并向职工们宣传"职代会精神""工序管理""5S 管理""九位一体""我的安全工作不出错"等内容。通过学习，我在思想上有了很大的转变，人生观、世界观、价值观得到了改造，进一步强化了自己的责任意识和主人翁精神，行动上始终同党中央保持高度一致，坚决服从上级组织的决定和安排，坚决执行上级各项工作部署。

（二）切实履行代表的各项职责，力争做合格的职工代表。作为职工代表，领导和职工们对我寄托了很大的期望。因此，在参加职代会前，我根据会议通知要求，针对会议议题，积极进行调查研究，征求职工群众的意见与建议，在此基础上，提出了关于贯彻国务院加强产业工人队伍建设和对职工进行终身培训意见的提案。参加公司职代会期间，我认真听取报告，仔细领会文件精神，就进一步完善公司绩效管理办法提出了自己的意见。回到单位，我迅速向其他职工传达公司职代会的精神，将公司新的政策、新的形势宣讲给每位职工，让各位职工都能够及时了解公司的各项新动态，关心公司的发展。我们部门的年轻人占很大比例，他们是单位的骨干力量和发展希望。作为一名年轻的职工代表，我更了解他们的需求，也更容易跟他们沟通。他们在日常工作中、生活上遇到了困难和问题时，我会积极去帮助他们，听取他们的意见和诉求，努力去维护他们的正当权益和合法要求。同时，作为职工代表，我十分注意自己的形象，努力做到平易近人，放下架子，言行一致，广泛接触群众，充分听取群众意见，以实际行动履行着一名职工代表的神圣职责。

（三）脚踏实地做好本职工作。工作永远是第一位的。想做好任何一项工作，都要付出辛勤的劳动。在工作中，我从每一件事情上进行总结，不断摸索，掌握方法，提高工作效率和工作质量。平时我能够做到虚心向领导和同事学习，汲取他们的长处，反思自己的不足。从高度上认识自己工作的重要性，不因为自己工作拖大家后腿，影响公司生产和企业的发展。不论是上级领导交代的任务，还是同事相处、合作方以及外来人员办事，我都时刻提醒自己，要诚恳待人，态度端正，积极想办法，无论大事小事，都要尽自己最大的能力去帮忙。

（四）今后努力方向。一是加强专业知识的学习，提高本职工作的能力，在工作中不断积累经验，提高自己处理和解决问题的能力。二是作为职工代表，不断提高自己的法律意识，增强法治观念，增长法律知识，在行动上自觉地、模范地遵守法律和公司的各项管理规定。要多学习民主管理、经济等方面的知识，拓宽自己的知识面，提高自己的综合素质。三是要认真学习党的路线、方针、政策，紧紧团结在党的周围，认真领会公司的文件精神，为公司的发展出一份力。牢固树立全心全意为职工服务的思想，广泛收集职工意见，代表职工的心声，争取做一名合格的职工代表，为公司发展再作新贡献。

第六章

企业工会与职工代表团如何做好提案工作

　　企业工会是职代会的工作机构，有责任有义务做好职代会的提案征集工作，并协助提案委员会促进提案的处理落实。职代会各个代表团（组，下同）是职代会组织体系的组成部分，应做好本团的提案征集工作，并协助承办部门做好处理落实中的协调沟通工作。

第一节　工会组织应该做的工作

工会在职工代表选出以后（改选换届的情况下，不换届的情况下可以早一些），以分工会为单位，会同各代表团组织职工代表和广大职工提出提案，为企业的改革发展献计献策。在提案的处理落实过程中，会同提案委员会加强对提案处理落实的检查监督，促进问题的解决。

一、工会与提案工作

（一）企业工会做好提案工作的重要性

职工代表提出提案是行使民主管理和民主监督职能的重要手段，是职工代表关心企业改革发展、履行职责、参政议政的具体表现，是进一步促进企业管理和决策民主化、科学化的重要渠道，是广泛调动职工积极性，激发职工主人翁责任感、群策群力推动企业又好又快发展的重要途径。提案的处理和落实，不仅是职工代表关注的重要问题，也是广大职工评价行政领导对民主管理是否重视和职代会作用的尺度。所以，它从一个侧面反映着职代会地位的高低、工作的质量水准和工会的地位与作用。

工会作为职代会工作机构，作为民主管理的组织者、职工群众利益的维护者、代言人，在职代会提案工作中负有重要责任。对如何做好职代会提案工作，对职代会提案工作的基本要求、理论和操作程序，工会都应该有更详细的了解和明确的认识。

（二）企业工会在提案征集与处理工作中的责任与作用

1.工会做好职工代表提案工作是其作为职代会工作机构的责任。《企业民主管理规定》第二十二条规定，企业工会委员会是职工代表大会的工作机构，负责职工代表大会的日常工作，需履行九项职责。其中第一项是提出职工代表大会代表选举方案，组织职工选举职工代表和代表团（组）长；第二项是征集职工代表提案，提出职工代表大会议题的建议。

2.工会做好职工代表提案工作是履行其基本职责的方法与体现。《工会法》规定，工会的基本职责是维护职工的合法权益，竭诚服务职工群众。职工代表提案作为民主管理的一种形式与载体，作为维护职工政治经济权益的方式方法之一，应该也必须充分发挥作用。工会组织做好职工提案工作，不仅是指导帮助职工代表行使民主管理权力，强化民主参与与监督，也是工会组织履行基本职责的体现，能够促进工会工作水平的提升。

（三）基层工会如何做好提案征集工作

1.做好提案征集前的宣传工作，掌握和反映广大职工的意见建议。工会、分工会在征集提案时，不能只是向下发放任务。工会干部应该走下去，了解职工的想法，关心职工的工作生活，虚心听取职工的意见，鼓励职工代表多提建设性的意见、引导职工代表正确行使提案权，积极地参与企业的民主管理。

2.提高职工代表提案的质量，增强提案的价值。提案的质量远比数量重要，职工代表的提案被采纳与否，跟其质量和价值有很大的关系。提案越是具有代表性、可行性，越是容易被采纳。对于一些有争议的提案，可以召集职工代表进行讨论，对其进行修改、完善。

3.增加征集提案工作的透明度，向职工反馈提案征集、落实情况。职工代表和广大职工最关心的，莫过于征集了哪些提案、提案落实与否。因此，提案处理落实工作中的反馈也是一件很重要的工作，如果不向职工反馈提案征集、落实情况，就很容易引起职工的误解。他们会认为企业领导对职工代表的提案不重视，甚至认为征集提案是一种形式主义。久而之，便会挫伤职工参与企业民主管理的积极性，不利于提案征集工作的正常开展。总之，工会、分工会组织在征集提案、检查监督提案处理落实情况时，应保持透明度，不仅让职工代表心中有数，也让广大职工心中有数。对于一些未被采纳的提案，工会、分工会应该进行必要的解释，以消除职工心中的疑惑和误会。

基层分工会在提案工作中，主要应该协助基层工会及职代会代表团（组）做好以下工作：组织、帮助职工代表或职工群众建言献策，提出具有一定水平的提案；收集、整理、汇总提案并按指定时间交公司工会；对需督办的提案应进行分析、调研，并提出督办要求。

二、发挥管理层、创新带头人中职工代表的作用

（一）发挥管理层职工代表的优势

1.中层以上管理人员职工代表在代表中占有相当数量。《企业民主管理规定》第九条规定："职工代表大会的代表由工人、技术人员、管理人员、企业领导人员和其他方面的职工组成。其中，企业中层以上管理人员和领导人员一般不得超过职工代表总人数的20%。"既然管理人员在代表中占一定比重，我们就应该充分发挥他们的作用。

2.中层以上管理人员对企业的经营管理情况相对熟悉。中层以上管理人员职工代表大多是一个单位工作的负责人，或者是一个部门的负责人，他们对自己分管领域的情况相当熟悉，对企业整个经营管理的情况也相对熟悉，掌握各方面的信息资源相对较多。

3.中层以上管理人员职工代表在提案工作中是一支主要力量。在一个企业集团中，相当一部分经营管理方面的重要提案，来自中层管理群体，而这个群体中又以综合部门的负责人为主。出现这样的情况，一是前面讲的他们相对熟悉企业的经营管理及运营情况；二是他们作为职工代表的责任感使然；三是他们所处的岗位使他们观察与分析问题的角度、思考问题的深度更好一些；四是由于某个部门在推动某项工作中能力有限，因而也想借助职代会这个平台，通过职代会提案引起有关方面和领导的重视，推动和促进工作的前进创新和发展。

（二）发挥创新带头人、优秀班组长职工代表作用

1.发挥劳模创新工作室、技术能手、优秀工匠中职工代表的作用。随着企业劳模创新工作室、大师工匠工作室、技术能手大量涌现，他们在职

代会改选换届中部分人当选为职工代表。他们是企业的中坚和骨干力量，一般都具有较高的素质。在职代会提案工作中，要注意充分发挥这一群体的作用，组织他们为民主管理的发展、为完善职代会制度、为企业的改革、创新与发展贡献力量。

2.发挥优秀班组长职工代表作用。对于大中型企业的职代会来说，来自一线的优秀班组长中的职工代表可能就是最基层的职工代表。他们有的管理一个项目、一条生产线、一个综合性的作业班组、一个车队，如此等等。不仅要对生产经营负责、对安全管理负责，还要管理自己的一个团队，遇到突发事项还要当机立断。正因如此，他们了解与掌握的基层第一线的情况也多，他们对于改革、创新与发展有着迫切的愿望与体会。他们提出的提案往往会更实用有效，具有可操作性。

三、征集前的"借势"和处理落实中的关注与"发力"

（一）征集前的部署与细化措施

1.在召开职代会的通知中进行部署。筹备召开职代会的通知一般都是工会起草，以党政的名义发出的。召开职代会的通知中一般都有关于提案征集的内容。工会组织在起草职代会的通知和对职代会的筹备工作进行规划和安排部署时，应该也必须对提案工作提出具体的要求，包括提案的主要内容、时间要求及征集的总体安排等。

2.对提案征集工作进行细化安排。在党政下发筹备召开职代会通知的同时，工会组织应该进一步就提案征集等工作进一步安排部署，就时间进度、件数与质量等提出进一步要求。如：有的工会要求每个代表团至少提出三件，代表团要进行初审等；要求分工会、工会小组进行广泛的组织与动员；要求职工代表切实承担起应有的责任，积极取得分工会的支持与帮助，广泛听取和反映职工群众的意见与建议，积极提出提案；等等。

（二）征集前的广泛宣传动员

1.门户网站的广泛宣传。筹备召开职代会的通知除了在公司的门户网站上进行宣传外，还可以将工会关于组织征集提案的通知同时挂在工会的门户网站上做进一步的宣传。工会门户网站在此时，可以总结与宣传一些优秀职工代表积极提出提案的经验，可以请一些职工代表现身说法介绍自己提出优秀提案的做法与体会，也可以借鉴和宣传其他单位职代会提案工作的经验。总之，通过多方努力，多管齐下，加强对提案工作的宣传。

2.微信群的广泛宣传。在信息化时代，全国总工会正在全国大力倡导和推进"网上工会"和"智慧工会"建设。应通过公司工会干部微信群、分工会干部微信群发布提案征集工作的具体通知，宣传提案工作的重要性；可建立公司职工代表微信群，并要求分工会建立分公司职工代表微信群，在职工代表微信群中发布提案工作的具体要求，通报提案征集工作的进展情况，推送一些好的事例，以期表扬先进、激励后进。发现、培养和总结职工代表中提提案的先进个人，鼓励他们与职工代表在提案工作中互动，大家共同努力做好提案征集工作。

3.利用其他现代传媒进行宣传。随着科技的发展，还会不断有新的传媒形式出现，要充分利用现代传媒高效快捷的优势，宣传先进经验做法，促进提案工作及整个职代会民主管理工作与工会工作的发展。

(三) 处理落实过程中的关注与检查监督

1.通过工作安排部署、工会会议等形式对提案的处理落实工作给予持续关注。工会每年都要下发年度工作意见或安排，应在文件中对包括提案工作在内的职代会制度建设、民主管理与厂务公开工作进行安排部署。还要召开年度工作会议，对提案工作进行安排部署。此外，在召开职代会前的季度、月度工作会议上，在部署工会工作时，也要对提案工作及职代会整体工作进一步强调，提出要求，抓好工作的落实。

2.对落实情况的检查监督。在两次职代会之间或提案处理进行了半年左右，工会、提案委员会应组织职工代表并会同企业行政有关部门一并对提案的落实情况进行检查和监督，做好工作，总结经验，及时发现存在的问题与不足。为了减少对基层工作的干扰、提高工作效率和节约工作成本，对提案的检查可以与对集体合同履行情况、厂务公开情况等的检查监督一并进行。在检查监督中，要注意关注对有代表性的、重大的、共性的提案的处理落实情况，抓住关键与典型，以局部带动全局，以典型推动发展。

3.召开职工代表团团长、专门委员会主任联席会议，工会会同提案委员会组织职工代表与企业行政有关部门对职代会提案处理落实情况进行检查的结果，要及时向职工代表团团长、专门委员会主任联席会议报告，提请联席会议进行审议。关于联席会议的成员方面，有的地方在实践中加了部分职工代表，也是一种积极有效的探索与尝试。要借助联席会议的力量，引起行政有关领导的重视，取得支持，解决个别提案处理落实中的困难，进一步推动提案处理落实工作。

4.年终对提案进一步检查监督。年终，一般也是在下一次职代会前，企业行政或者提案委员应在准备向下一次职代会的提案处理落实情况报告时，请工会共同对提案的处理落实情况进行检查了解，也请工会提供提案征集与处理落实中的一些情况。借此机会，工会应继续努力，同提案委员会一起会同企业行政把处理落实中的个别"疑难杂症"解决掉，促进当年职代会提案处理落实工作的完美收官，以优异的成绩向职代会报告，接受全体职工代表和职工群众的监督与检阅。

第二节　职工代表团应该做的工作

在职代会提案工作方面，职工代表团要做的工作主要是组织和指导职工代表提出有质量并有一定数量的提案、对提案的预审及与提案委员会的沟通协调；协助提案承办部门、提案委员会和工会在提案处理落实过程中做好与提案人的协调沟通工作、促进提案的处理落实。

一、职工代表团提案工作的任务与职责

(一) 职工代表团在提案征集工作中的角色相当重要

职工代表团在职代会提案征集处理工作中起着重要的作用，必须高度重视和切实加强职工代表团在提案征集与处理工作中的作用。

1.承上启下的重要环节。职工代表团在提案征集处理工作中处于职工代表提案人与职代会、提案委员会、上级工会与企业行政的中心环节，职工代表团对于提案工作的认识怎样、积极性如何，对于做好此项工作至关重要。

2.职工代表团对待提案的态度至关重要。职工代表团在提案征集工作中处于一个重要的中间节点上，如果这个节点出了问题，就会出现"肠梗阻"。某企业工会分析各职工代表团所提提案的情况时发现，在企业职代会的八个代表团中，有一个职工代表团职工所提的提案占到提案总数的近1/3，有一个职代表团竟然是空白。没有提案的职工代表团实际上是忘记了这项工作。没有提案，反映出来的是制度不健全、责任不到位，也是态度不重视，认识太淡漠。

3.职工代表团工作容易出现问题的原因。相对于工会组织来说，职工代表团是一个在代表选举产生之后，临时组成的松散性的团队，不是一个组织，更不是一个机构。它的团长可能是一个二级单位的党政领导或者工会主席，也可能是几个并行的二级单位在职代会前会议上推荐产生的某个单位的负责人。它没有自己的工作机构，具体工作由二级单位的工会来承担。所以，若上级工会抓得不紧、工作不力，或者给职工代表团推荐的团长人选不理想，很可能对整个职工代表团包括提案工作在内的各项工作带来较大的影响。

(二) 职工代表团在提案工作中的责任

职工代表团在提案工作中的责任主要有以下两点。

1.承担收集整理等重要责任。在提案征集工作中，虽然有提案委员会

的具体组织，但各职工代表团是直接面对代表的第一责任人，对提案工作承担组织发动、宣传、初审等具体工作。这个工作进行的如何，直接影响着提案的质量与水平。

2.承担着组织协调的重要责任。能否提出高质量的提案，除了职工代表提案人的积极主动、职工代表自身素质因素之外，职工代表团的组织引导、团队作用，是否重视，也很重要。实践中常常有一些高质量的提案是举代表团之力，就说明了这一问题。

二、发挥团队与集体的力量

（一）在征集过程中发挥主导作用与团队作用

1.提高认识，发挥团队力量。团结就是力量。提案工作同样是如此。职工代表团负责人、公司工会和分工会应该认识到职工代表团在提案工作的重要地位与作用，强化对提案工作的组织协调，注重对职工代表力量与资源的统筹调度，促进提案征集及整个提案工作水平的提高。

2.分工协作，发挥集体的力量。职工代表团在提案征集工作初期，一般应根据以往的经验，针对自身人员的实际情况，发挥优势，并考虑自身的特点，研究初步的案由。在此基础上，根据职工代表的特点与长处，分成若干工作小组，有目的地进行调研与前期论证工作。也可以让分工会的各位委员牵头，协助职工代表到职工中进行调研论证，通过网络收集需要的相关资料。然后，在工作一段时间以后，大家集中讨论酝酿，共享相关资料。

3.在案由、内容与建议上下功夫。提出的提案要达到能够立案的水平，就要按照提案立案的条件，符合立案的原则；要有高度、有深度；要结合实际具体可行，又要注重大局，有普遍意义；要有明确的案由与观点，又要有翔实的分析资料、数据支撑；要有诉求的目标，并有具体的可行的建议措施。某集团公司领导对于包括提案在内的职代会制度及整个民主管理工作很重视，每年将大维修基金的一部分用于提案处理落实中的更新改造和职工生活福利设施的改善。公司职代会的一个职工代表团，在分公司领导的支持下，对提案工作非常重视。该代表团在提出提案的过程中，在对企业整体利益关注的同时，对该职工代表团所在分公司的安全生产与生活设施的改造，下大功夫调研分析。不仅认真填写了提案表的内容，而且附有专题调查报告，用一系列翔实具体的数据图表、现场拍摄的照片和具体客观的分析，来支持提案中提出的建议解决方案，让提案委员会不得不立案解决。该代表团连续几年通过提案来解决区域内的生产工作设施和职工生活方面的问题，每年用的资金占整个集团这方面资金的1/3。

4.不断思考，总结提高。职工代表团、工会和分工会在提案工作中，要不断总结经验，在实践中将感性认识上升到理性认识，在不断的探索与创新中升华与提高。某公司职代会的一个职工代表团在提案工作中成绩优异，被誉为"提案专业户"，其基本经验是，调动职工代表当家作主的积极性，挖掘群众智慧，坚持在提案工作中做到"四抓"。一是抓调研，早下手。分工会根据以往公司工会对提案征集的要求、上级当前的工作重心，预判下次职代会的重点，提前半年下发征集提案通知，使职工代表有充足的时间思考问题，调查研究，确定案由。二是抓质量，要求职工代表对提案进行调研论证，上报的提案必须有分析、有依据、有对比、有建议解决方案。三是抓监督，在局域网上公开提案的征集数量、分类、不予立案的理由，让职工评价监督。四是抓落实，积极组织分工会委员会成员和职工代表深入车间班组，对提案征集情况进行检查指导，促进提案质量和数量提高。

（二）在审理立案过程中的协助参谋作用

1.在初审中把关定向。对于多数单位职代会的提案工作而言，一般在提案工作制度或办法中都会规定，职工代表填写提案表之后，交由所在职工代表团进行初审，由职工代表团帮助进一步修改完善，斟酌案由，补充完善的资料，而后报送工会或者提案委员会，且多数单位在实践中也是这么做的。职工代表团这一基本任务和对职工代表提案进行初审这一流程，决定了职工代表团必须对提案的基本质量负责，承担起应有的责任。因为这不但是执行制度规定应该做的工作，也在一定意义代表和反映本代表团提案工作的质量与水平。职工代表若提案数量少质量差，代表团负首要责任。如果提案质量高立案多，那代表团就很光荣。

2.在提案委员会审理立案过程中的协助与沟通。职代会召开期间或者职代会闭会期间，提案委员会要对提案进行审理，最终确定哪些提案可以立案，哪些因为与其他代表团提案人提的相同作为并案处理，哪些作为建议处理，哪些因质量差动员提案人撤回。这个工作过程中，提案委员会可能会与代表进行沟通，讲明工作情况。代表团应该积极配合提案委员会的审理立案工作，积极向提案人进行解释，对提案人积极参与企业民主管理的行为给予鼓励，并希望继续做出努力。

(三) 处理落实中的协调监督作用

1.处理落实过程中的协调沟通。提案再好，没有得到有效的处理落实等于零。提案人归属于所在的代表团的，在立案之后，代表团有责任有义务对本代表团提出的提案的处理落实情况进行跟踪监督，及时同承办部门、提案委员会、工会组织进行协调沟通，促进问题的解决和落实。如在承办部门拿出处理落实初步方案征求提案人意见时，帮助提案人出主意；在处理落实工作进行了一段时间之后，通过承办部门和提案人了解进度情况和存在的问题；在工会、提案委员会对提案处理落实情况进行检查监督时，如实汇报工作进度，促进个别难以落实的问题的解决；等等。

2.对个别提案的追踪处理。由于主客观方面的原因，每次职代会提案在处理落实中，一般都会有个别难以彻底解决、需要逐步解决的问题，也会有需要向上级部门反映请求支持帮助解决的问题，以及当时解决不了需要将来继续解决的问题。但由于职代会每年一次，下年又会有新的提案提出，如果提案人、提案人所在代表团不抓紧追踪解决，接续处理的问题可能会不了了之。而这当中，职工代表提案人个人的能力是有限的，代表团在这方面可以发挥作用，促进问题的进一步解决。这是对提案人的尊重，是对党的全心全意依靠工人阶级指导方针的落实，是对企业民主管理和职工主人翁地位的负责，也是对自己岗位职责的敬畏。

3.在承办部门与提案人之间做好解释沟通工作。在提案的处理落实过程中，对个别提案的处理落实，承办部门和提案人之间可能会有意见分歧。有可能提案人认为处理的力度不够，而承办部门认为很努力了，这种情况事实是存在的。主要是由于人们观察与分析问题的角度不同，立足点也不全一致，造成认识与观点上的差异。代表团应该从客观的角度协助提案委员会、提案人作好沟通与协调工作。建议承办部门在力量许可的情况下，充分尊重与理解职工代表提案人的意见，加大处理落实的力度，尽可能取得更好的效果；建议提案人考虑承办部门的困难，重要事情的解决需要一个过程，双方互相理解。让大家认识到，企业是一个利益共同体，大家的目标与愿望总体上是一致的。

三、职工代表团提案的技术分析与发展

（一）职工代表团集体提案的技术分析

1.提案的署名问题。每个提案都要有提案人，一般的提案征集和处理办法或者职代会实施细则规定，一名提案人和若干名附议人都要签名。举职工代表团之力提出的提案，并不一定要以职工代表团的名义，可以继续以代表的名义提出，只是具体如何安排，职工代表团可以统筹规划。几名职工代表可以分别领衔签署各个提案，这也显示了团结协调。

2.集体提案的依据与制度建设问题。从目前的情况分析，只有少数单位的提案征集与处理办法或职代会实施细则中有职工代表团可以提出提案的规定。适应这一办法，尽管有些职工代表团的提案是集代表团的力量提出来的，有的甚至是分公司集体的意志，但名义上仍然是以某位职工代表的名义提出。关于这个问题，《企业民主管理规定》及其他有关职代会、民主管理的法律法规没有具体的规定。但若真正举职工代表团之力，举一个分公司或者几个分公司的力量提出提案，大家共同来论证或者主张做某件事情，恰恰说明了重要性，说明了群众基础和民意，说明了大家关心企业的改革与发展，说明了大家的智慧与力量。若真出现了这样的情况，应

该考虑将这一问题提请主席团研究，列入大会议题。与此同时，应该考虑完善提案征集与处理办法，将集体提出提案的问题，正式写入办法与规定之中。

（二）发挥优势，创新发展

1.发挥前沿与一线的优势。一线的职工代表在各自不同的岗位上对自己负责工作的实际、对自身的优势与不足有着深切的把握与了解；对企业的运行情况、对行业的基本情况有着一定的基本分析。一线的职工代表若能够把这些有利的条件加以充分地发挥，加上自己平时认真的学习与思考，紧密结合企业的中心任务与整体形势，定会提出高质量的提案。

2.不断的探索与发展。创新是一级组织的生命，对职工代表团这样一个由优秀职工代表组成的团队来说，也是如此。代表团在提案工作中，在提案的内容、形式等方面，也完全能够不断创新发展。特别是在企业转型升级、数字化智能化时代，在党和国家着力提高企业的核心竞争力的情况下，代表团应该组织团内职工代表充分发挥主人翁精神，发挥自己的聪明才智，积极投入创新发展的洪流中，为企业、为国家民族出力流汗，为维护职工群众的整体利益与具体利益作出贡献。职代会代表团应该加强对职工代表的帮助与指导，积极探索与推动提案工作的创新与发展，为强化基层的民主管理，为企业的长足发展，为实现中华民族伟大复兴作出贡献。

 **范例与模板**

××供电段工会发挥代表团作用，强化职代会提案征集处理工作

近年来，××供电段工会在探索创新民主管理在企业的实现形式上，以加大职代会提案征集、提案立案、提案落实力度为契机，在环节把关上进行了有益尝试。经过几年来的探索实践，职工代表的参与热情明显得到了提升、参与素质明显得到了加强，提案的落实力度也有效得到了提高，促进了企业的管理工作科学化、民主化，推动了各项工作的全面落实。

（一）以征集职代会提案为切入点，强化职工代表的参与意识

职工代表的参与意识决定着民主参与的力度和参与质量。对此，我们以调动职工代表的参与积极性为着力点，采取"职工代表区域述职"和全方位加大对职工代表培训力度双管齐下策略，从组织加压和自我加压两方面调动和激发职工代表的内在积极性，使职工代表认识到了"代表"的责任，既巩固了参政素质，又提高了参与意识。其一，全面推行"职工代表区域述职"制度。职工代表每年向本选区的职工述职，其组织形式迫使其对选区的职工负责，替选区职工说话、办事，积极主动地了解选区职工的思想动向，并通过职代会提案形式代表职工向上级反映生产、生活中存在的急难问题。只有做到了这点，职工代表的述职报告中才述职有"物"，才能使本选区的职工满意，才能被评议过"关"。达到了提高责任心，增强参与意识的目的。其二，参与素质决定参与力度。职工代表仅有参与意识是不够的，所以要求各车间工会在每年召开职代会时，要把培训职工代表作为职代会的一项常设内容，并纳入"三位一体"综合考核中民主管理工作的验收内容，加大了落实力度。两年来，职工代表培训率都达到了100%。并且我们聘请师资有重点地对职工代表进行脱产培训，强化提高其参政议政的理论水平，使其参政心中有据，议政具体有力，参得准确，参得进去。通过深入浅出的培训，职工代表参与意识和素质明显得到强化，极大地促进了职代会提案数量的增加和质量的提高，使职代会提案工作实现了三个转变：第一，职工代表由不会提提案、不愿提提案转变为积极主动报送提案，使提案数量逐年呈上升趋势；第二，提案内容的分类比重由职工福利型转变为企业宏观经营管理型，跳出了以自我为中心的小圈圈；第三，职工代表提案报送后由不管不问，转变为关心提案的处理及落实情况。

（二）以加大提案立案工作力度为突破口，激发职工代表的参与热情

我们抓住职工代表用提案形式参与企业管理的途径，选准提案立案工作为突破口，加大提案立案力度，强化职工代表参与企业管理的实际效

果。用提案立案力度的加大，来解决生产一线职工普遍关心的热点、难点问题，从而使职工代表的参与权得到有效落实和强化。两年来，我们在提案处理过程中，打破传统的工作方法，以公开的形式扩大提案知情范围，不但扩大了知情面、突出了宣传效果，而且得到了行政领导和承办科室的积极支持和大力配合，较好地促进了提案立案率的提高。我们的具体工作方法是："采取一个措施，抓住一个时机"，达到多立案，立关键提案，解决生产、生活中的急难问题等。"采取一个措施"：就是把职代会提案内容按照属性，分为安全生产、经营管理、生活福利和其他提案等四大类进行整理，并分别落实责任部门后打印成册，分送行政主管领导和有关科室负责人审阅，充分征求领导和职能科室负责人意见，接受领导指示。在进一步确立提案落实责任部门后，召开提案立案工作扩大会议，从参加会议人员成分上涵盖我单位整体工作的各个岗位，从而使提案立案更贴近实际、贴近必需，使资金运用更趋科学合理，立案率也得到了较大幅度提高。不但解决了各车间生产、生活中的难点问题，而且使企业有限资金合理地解决了行政职能科室分管工作中急需解决事情的投资问题，同样得到了领导和职能科室的重视和支持。近两年，我们单位提案立案率分别达到总提案数的68%和76%；使各车间的急难问题得到了较好解决，也激发了职工代表的参与积极性，使提案数量每年都有较大幅度递增。"抓住一个时机"：我们就是抓住提案立案工作会议的召开时间，一定要赶在单位全年计划下达之前召开，这样有利于行政对提案工作的重视，有利于提案立案率的提高，也有利于整体工作的全年规划。并且可以避免由于提案立案工作的不及时，而导致的调整全年计划所带来的负面影响。

（三）以强化提案落实为着力点，促进职工代表参与效果的提高

立案提案的落实工作是提案处理过程中的关键环节，是对职工代表参与效果的检验，是企业落实"依靠"方针的体现，也是强化管理促进企业改革建设创新发展的体现。两年来，我们把立案提案的落实工作，作为实现职工代表参与及监督效果的着力点，加大工作力度，争取多方面支持，

采取定期和不定期检查及制定提案落实激励机制的方法，监督和推动了立案提案的落实，较好地促进了立案提案的兑现率，两年来立案提案落实率均达到了100%，凸显了职工代表的监督力度和参与效果。定期检查，就是在上半年职代会联席会议审议《集体合同》履行情况前，一方面以职代会提案审查委员会的名义下发通知，要求有关提案落实部门，对本部门负责的立案提案落实情况写出书面报告，在职代会联席会议上进行汇报。并要对部分落实迟缓的提案，阐明原因和采取进一步加大落实力度的方法。另一方面组织提案审查委员会成员和分地区抽调的职工代表，对立案提案的落实进度全面进行实地查看和座谈了解，对存在的问题形成专题报告，由专委会主任在会议召开时和合同履行情况检查一并向联席会议报告。会后对提案落实情况分类进行整理，形成会议纪要，并在工会门户网站上进行公开，实现共同监督，达到进一步加大提案落实的目的。不定期检查就是对各车间反映上来的有关提案方面的问题，进行重点调查了解，协调解决提案处理过程中的一些疑难问题，促进提案的全面兑现。在此基础上我们制订了提案落实激励机制，对在提案落实过程中表现突出的有关科室和个人，给予表彰和奖励，形成良好的提案落实氛围，强化了落实力度，使其达到突出职工代表参与效果的目的。

（四）感受与体会

提案落实工作促进了职代会制度建设与民主管理工作的发展，调动了职工代表参与企业管理的积极性，落实了工会维权职责，强化了企业民主管理，突出了参与和监督的针对性，收到了民主参与的实际成效。

1.提案工作是职工代表参与权、监督权落实的最直观、易调动职工队伍参政议政积极性的有效载体。提案工作是民主管理基本形式中，落实职工代表"参与权""监督权"所涉及企业管理内容最广泛、解决基层问题较具体、参与成效较直观、监督针对性较强的重要民主管理途径，更是激发和调动职工队伍参政议政积极性、关心企业改革发展、强化主人翁意识、增强企业凝聚力的有效载体。工会组织站在突出维护的高度，企业站在落实"依靠"方针的高度，充分重视提案工作的全过程，并以《职工代表大会条例》《企业民主管理规定》为依据，依法行政，依法落实职工代表的参与权和监督权，引导发挥其主观能动作用，为企业的改革发展献计出力。要利用职工代表来自一线，了解情况具体的优势，认真听取其意见，搞好调查研究，加强素质培养，达到提升职代会提案质量的目的，使其参得进、参得准、参得有力度。促使职代会提案工作，成为激发职工代表的参与热情、最大限度调动民主管理企业的内在动能，推动和实现企业改革建设创新发展的目的。

2.提案工作是强化企业民主管理、推动和落实"依靠"方针的重要途径。职代会的提案工作，往往直接涉及企业管理中的焦点、难点问题，涵盖企业行政的工作面也比较广泛。其提案工作的落实力度，将是直接影响企业内涵发展、职工队伍稳定和积极性调动的问题。所以企业行政对职工代表的提案工作非常重视，支持工会围绕企业中心工作抓好职工代表的提案征集、提案处理的监督落实。针对这一职工代表参与权落实的有利切入点，作为工会工作者，一方面，对提案工作要有善于协调、勤于向领导汇报的意识，提高其对提案工作的支持度，达到民主参与企业管理力度加大的目的，强化其民管工作；另一方面，随着企业领导对职工代表参与管理的有力支持，能较好推动和加强党的"依靠"方针的进一步落实，促使企业工作的整体推进。

3.职代会职工代表提案工作，需要不断创新，与时俱进。在企业转型升级、努力提高核心竞争力阶段，迫切需要更加有力的企业民主管理，才能最大限度地保护职工群众的合法权益，调动职工积极性。职工群众在企业中既是主人也是被管理者，这一双重身份，前者决定了参与企业管理的权利，也就决定了职工代表在参与管理的前提下落实好维护和"代表"义务的责任。因此工会组织在提案处理、落实过程中，要不断总结和创新工作方法，与时俱进地拓展参与面，不断加大依法行使参与的权利。从深化提案参与的途径上，找准企业行政认可的提案落实方式方法，实现参与效果的最大化。(××供电段工会)

附：××集团公司十届二次职代会提案表

代表团		代表姓名		职务	
工作单位			联系电话		
类别	□ 安全生产　　□ 经营管理　　□ 生活福利　　□ 其他				
案由	关于解决接触网设备问题的提案				
提案内容及建议方案	个别桥梁原因造成接触网螺栓松动，损坏接触网承力索、电联结、跳线等设备，影响安全，需对晃动厉害的桥梁接触网设备进行改造，降低危害程度，保障行车安全。 建议整治改造方案为： 方案一：（略，下同） 方案二： 方案三：				
审查意见	集团公司职代会提案审理委员会 　　　　　　　　　　　　　　　　　　　　年　月　日				
行政意见	由　　　　　　负责落实，并于　　　　　　前答复提案人。 　　领导：　　　　　　　　　　　　　　年　月　日				
承办单位处理意见	 负责人签字：　　　　　　　　　　　　　　年　月　日				

注：1.提案要一事一案，简明扼要，符合"三个原则"；2.表格打印填写，不漏项；3.要求提案代表和附议人本人签字，一式两份报集团工会组织部；4.通过集团工会门户"资料上报"上传一份，各代表团、承办单位留底自备。

××公司工会建立网上处理平台创新发展提案工作

近年来，××公司工会围绕"融入中心、服务大局"的工作思路，协助党政，不断创新和发展职代会提案落实工作，促进了企业民主管理，在促进创新发展中发挥了积极作用。

（一）提高认识，把握关键，在强化基础上重点推进

1.领导重视，统一认识。公司党政工领导高度重视职代会提案落实工作，经常利用会议、培训的机会强调职代会提案的重要性，统一思想认识，消除职工代表思想上存在的"两怕"，即怕提出来的提案质量不高，怕提出的提案流于形式。为提高职工代表素质，也为增强职工代表的信心，公司工会在党政的支持下坚持每年组织一次职工代表集中培训，重点讲解公司生产经营情况、职工代表权利义务及参政议政方式方法等民主管理知识，进一步增强职工代表的责任感和使命感，提高职工代表参政议政的能力。近三年来，代表提案的质量、数量明显提高，公司每年职代会都能收到近百件代表提案。

2.完善制度，把握关键。结合公司生产经营的实际，我们在整合原有制度办法的基础上，制定完善了《××公司民主管理实施细则》《××公司职工（代表）大会提案征集处理办法》等制度，进一步明确了推动工作落实的五个关键环节。一是广泛征集。在发出职代会通知的同时，一并将提案表发给职工代表，由代表广泛征求职工意见和建议，形成提案后车间工会收集、上报，职代会提案审理委员会对报送的提案进行分类汇总，向大会报告提案征集情况。二是审查处理。职代会提案审理委员会对征集到的提案进行审理，对不符合提案要求的退还给提案人并说明原因；对符合提案条件的按立案原则进行登记、编号、分类处理，填写"提案转递处理单"，转交行政部门处理；对不符合立案条件而又具有研究处理和参阅价值的提案，作为工作建议转交相关部门。三是责任落实。职工代表提案在公司办公会议进行专题讨论，对立案的提案及时答复处理，并明确主管领导、落实部门和完成时间，切实做到组织上落实、人员上保证、工作上到位。四是检查监督。职代会提案审理委员会每半年组织职工代表对提案处理落实情况进行一次检查，检查结果向职代会或职代会联席会议报告。五是表彰奖励。职代会提案审理委员会根据检查情况，会同公司行政评选出3至5个最佳提案奖，对优秀提案人进行表彰奖励，奖励金额达2000余元；对提案落实不力的部门同时进行通报批评。

（二）构筑平台，广泛沟通，在形式创新中前进发展

1.网上发布，高效便捷。职工代表发布提案，可直接登录公司门户网站"职工代表大会提案处理系统"，选择"提案发布"，按提示填入提案人、工作部门、职务、案由、提案内容等各项数据，点击提交即可。系统将职工代表的提案自动生成标准的提案表，并将各种数据信息保留在数据库中；发布成功的提案经提案审理委员会审核后，将在主页面显示，并纳入提案处理程序。

2.网上答复，及时公开。提案受理部门可以通过密码，从首页进入提案处理系统，进入本部门涉及的职工提案目录，逐条浏览并对提案进行答复，答复结果将自动生成部门"落实答复意见"在网上显示。职工无需输入密码，直接点击"进入"即可快速进入系统，浏览到"提案内容""提案答复意见""答复时间"等项目，可以及时掌握提案处理进度，对敦促提案受理部门及时处理提案发挥了积极作用。

3.网上处理，过程透明。提案受理部门一旦将"落实答复意见"公示后，提案处理系统将自动进入"提案人"与"提案受理部门"对话阶段。提案人可随时向提案受理部门提出质询，提案受理部门负责对提案落实进度进行答复。这些"质询"与"答复"均可在系统内进行显示，实现了提案处理落实的全过程公开透明。

4.网上评估，注重实效。对提案受理部门公开的提案落实情况，由广大职工充分发表意见，并通过"本提案答复或落实是否满意"的选项，对提案落实情况进行投票。同时，坚持对提案进行跟踪处理，对部分条件不成熟的提案实施动态追踪，待条件成熟后纳入立案范围，增强了办案实效。××××年职工代表提出的第19号关于"对防止事故的职工进行重奖，以提高职工安全生产和防止事故积极性"的提案，由于提案人对提案处理部门的答复不满意，通过网络系统发表了"此条款不利于具体操作，职工防止事故后并没有受到重奖"的意见，引起提案处理部门的高度重视。××××年春运和提速调图期间，公司行政加大了安全生产奖励力度，仅奖励职工发现事故隐患一项，就累计发放奖金5000元，极大地提高了职工安全生

产和防止事故的积极性。通过网上征集、答复、处理、评估，形成了提案处理的闭环控制，增大了提案处理工作的透明度，方便了职工代表和群众监督，提高了提案处理落实效率。职代会提案处理系统运行一年来，职代会提案落实率由98%上升为100%，代表满意率由88%上升到98%。

（三）直面问题，沟通协调，在互动中提升

1.面对面座谈。改变由提案受理部门以书面形式向提案人单独回复提案处理情况的形式，组织了由所有提案人和公司领导、公司行政各职能部门一起参加的"职代会提案处理见面会"。公司领导和公司各职能部门面对面接受职工代表的质询，耐心地向职工代表解答问题，使职工代表对自己的提案处理进度、完成时间、责任部门等一清二楚。

2.心与心交流。见面会上，职工代表以企业主人的姿态履行代表职责，参与企业管理；行政部门负责人为落实代表提案，认真倾听职工代表意见建议，了解提案初衷，共商处理方案，达到了心与心的交流，巩固了企业发展的大局。

3.情与情链接。见面会党政主要领导参加，工会主席主持，按照提案编号的先后顺序分别由职工代表提问、质询，由提案受理部门负责人解答。一线职工代表自觉站在大局的高度，积极为企业发展建言献策；行政部门负责人也根据职工意见和建议不断优化决策，顺应民心，促进了全公司提案处理落实工作，促进了职代会制度建设和整个民主管理工作的发展，促进了劳动关系的和谐与公司建设、改革、创新与发展。××××年以来，公司职代会共收到提案91件，立案86件，立案率95%。其中，××代表提出的"建立技术革新、创新激励机制"提案引起公司领导高度重视，有关部门狠抓落实，在广泛征求意见的基础上，制定了新的《××公司技术创新评审奖励办法》，在推进技术革新和安全生产方面发挥了重要作用。

（四）检查落实，过程控制，在考核监督中强化效果

1.加强检查监督。公司党政工组织对提案落实工作坚持做到齐抓共管，不断加大监督检查力度，规定每半年由各行政职能部门写出提案处理落实

报告，交职代会联席会议审议。由工会组织职工代表对职代会提案落实情况进行一次全面检查，如果检查存在问题，由职代会提案审理委员会向提案受理部门发出督办通知书，限期落实。

2.强化过程考核。提案审理委员会按照提案受理部门确定的提案落实时间表进行跟踪考核，一旦发现没有按规定时间完成的，经提案人提出后，由提案审理委员会调查并报公司经济责任制考核组，对责任部门进行考核。明确规定，在提案处理工作中弄虚作假、群众反映较大的部门，应对部门责任人批评教育直至调离岗位，并不得参加年度先进评选。

3.突出综合评价。把职工群众满意度作为评价提案落实工作的最高标准。充分发挥"职工是第一评价人"的作用，通过网络的实时评价和职代会期间的定期评价，广泛听取职工群众意见，建立完善了提案落实质量评价机制。2022年7月份，我们专门召开职代会联席会议，对上半年提案落实情况进行审议，并现场征求代表意见，职工提案处理落实满意率达到了100%。（××公司工会）

关于征集职代会提案的通知（范例）

经公司党委同意，我公司第二届四次职代会将于近日召开。为使职工代表充分行使民主权利，积极参政议政，促进公司改革、创新与发展，特向各位职工代表征集本次会议的提案。请各位代表深入调查研究，充分征求意见，积极递交提案，为公司的改革、创新和发展集思广益、献计献策，切实反映公司广大职工的意愿、要求和建议，维护好职工权益。为提高提案的质量，工会决定从××××年职代会的提案中评选出优秀提案并予以奖励。现将本次职代会征集提案的有关事项通知如下。

（一）提案范围

凡属公司职权范围内处理的下述内容，可列为提案：

1.有关公司贯彻执行党的路线、方针、政策和国家的法律法规及贯彻上级有关规定的建议和意见；

2.有关公司管理、安全、营销、改革措施和发展方面的建议和意见；

3.有关公司转型升级、提高核心竞争力等方面工作的建议和意见；

4.有关职工生活福利方面的建议和意见；

5.有关公司民主管理厂务公开方面的建议和意见；

6.其他方面的建议和意见。

（二）提案要求

1.代表应在广泛听取本选区职工群众意见的基础上提出提案。填写提案表，要严格遵循一事一案的原则，一表只填写一个提案，由一名正式代表提出，两名以上代表附议才能立案。

2.提案应包括案由、具体内容、措施或建议。案由是提案的题目；具体内容，要写出存在问题和产生问题的原因；措施或建议写出提案人对解决存在问题的设想和建议。

3.提案经职代会提案小组审议通过后立案。对不符合立案条件的提案，按一般意见处理。代表应广泛征求群众意见，发挥代表的作用。代表的提案数量不限。

（三）提案征集的时间、方法和处理办法

1.本次大会提案征集时间截止到20××年3月5日。

2.提案由各代表组收集并初步审理后，交公司工会。

3.提案的处理情况每季度反馈给提案人，并将在下次职代会上进行系统反馈。(××公司工会)

关于××公司×届×次职代会提案处理落实情况报告的决议

××公司×届×次职代会审议并通过了《关于××公司×届×次职代会提案处理落实情况的报告》。会议认为，××公司×届×次职代会（上次）闭幕以后，公司领导和有关部门对职工代表提出的252条意见和建议，进行了认真归纳整理和分析研究，符合立案条件予以立案的142件，其余110条作为建议，由公司行政各处室解释回复职工代表。公司行政对提案审理委员会立案的142件提案和110条建议，采取了积极的措施，进行了认真细致的处理和落实，并及时向提案人员反馈答复意见和处理情况，充分体现了党的依靠方针，较好发挥了民主管理和民主参与的作用，有力促进了公司的改革发展稳定。对此，与会代表表示满意。

会议希望，本次职代会闭会后，公司有关部门要继续抓紧做好上次职代会提案的相关收尾工作，并认真做好本次大会提案的处理落实和反馈工作，进一步提高职代会提案的办理质量，促进企业民主管理，为全面完成公司××××年各项奋斗目标作出新的贡献。(××公司×届×次职代会)

第七章

提案委员会与行政如何做好处理落实工作

　　职代会提案委员会的主要任务是组织职代会提案的征集、审理与对处理落实情况的检查监督。企业行政是职代会提案处理落实工作的责任主体。提案委员会与企业行政应共同努力，促进提案的征集和处理落实，提升提案工作水平，为企业的创新发展贡献力量。

第一节　提案委员会如何做好提案工作

不同单位的职代会中负责提案工作的委员会的名称是不一样的，名称本身的差异反映了其定位与所负责任的不同，但其基本职责与任务都是要做好职代会提案工作。本节的分析主要是针对多数单位的做法，重点讲提案委员会如何做好职代会提案征集、审理、处理、检查监督与落实等方面的工作。

一、提案委员会的责任与作用

提案委员会是职代会设立的专门工作委员会，在职代会的领导下、行政的支持下负责职工代表提案征集、审理、督办工作。

提案委员会是专为提案工作而设立的，在提案征集与协调处理中负有重要责任。提案委员会的职责主要体现在以下几个方面。一是协助工会制订与修改完善职代会提案委员会的工作制度。二是制订并认真落实本委员会的年度工作计划，制定并组织实施职代会期间的提案工作方案。三是对征集的提案进行分类整理、逐件审查，在征求有关部门意见的基础上提出立案意见，对立案的提案报送单位行政领导，或者在提案委员会提出初步立案意见后，报经党委研究或党政领导班子研究。经研究或领导签字之后，转交承办部门在规定的时间内答复处理；对未立案的可作为工作建议，转交有关单位，加以解释。四是经审查立案的提案，向提案人发出通知书，说明该提案已被采纳立案，对未立案的提案，向提案人进行解释说明。五是督促承办部门认真办理提案，检查反馈提案落实情况，征求提案人对提案处理结果的意见。六是根据实际需要，组织提案委员会成员与职工代表对承办部门的提案处理落实情况进行检查，沟通协调有关处理工作，必要时要对有关提案的处理落实情况进行实地考察。对提案办理不符合要求的，及时商请承办单位重新办理。对因某些特殊原因造成提案处理落实进展缓慢或其他情形的，可约请承办单位负责人共同协商，寻求解决办法。七是每年至少一次向职代会和工会报告提案征集、审查、答复和落实情况，重点关注与做好处理落实不理想、提案人不满意的有关提案的督办工作。八是组织评选"优秀提案"与"提案办理先进部门"，报请行政和工会委员会予以表彰。

二、提案委员会在职代会前与会议期间的主要工作

（一）会前的征集及对上次职代会提案处理落实情况进一步总结

1.对上次职代会提案立案与处理落实情况作回顾总结。在每届的职代会上，企业行政领导一般都应向全体职工代表报告上次职代会提案处理落实情况报告，提请职工代表审议，有的单位还要对这一报告进行审议和表决。

2.当次职代会提案的征集工作。当次职代会的提案征集工作，一般是在会前完成主体工作。因为现在一些单位职代会的时间都相当紧，在一天的时间要进行完所有的议程，提案委员会在职代会会议期间再单独抽出时间审理提案是不太容易的。所以，提案征集的大部分工作，应该在会前完成。这里面，一是指导各代表团组织职工代表调查研究，广泛征求职工群众的意见与建议，提出提案，代表团收集汇总预审；二是对收集到的提案进行初步分析，对征集不力的单位提出指导意见，要求提案件数过少的代表团抓紧征集，对有些明显不合格的发回代表团重新修改完善；三是对已经征集到的提案进行初步的审理，包括进行分类、编号，就一些重要的内容如何处理听取行政有关部门的意见，对一些倾向性的共性的问题及时向工会领导、党政领导汇报，请求给予指示。特别重大的事项提请筹委会或报党政领导研究同意后可作为大会的议题提出。

3.当次提案征集工作向职代会报告。当次职代会会前征集提案的情况，原则上要向职代会作简要报告。有的单位是在职代会筹备报告中列出一个

部分，同会议的筹备、组织机构的选举、大会的议题等事项一并向全体职工代表报告，也有的是在会议的民主管理工作报告中报告的，还有的是在工会工作报告中报告的。总之，不管采用何种方式，会前已经征集到的提案的简要情况，是应以适当形式及时告知职工代表的。

4.尝试借助大数据提升提案质量。在数字化和智能化时代，最大的资源可能就是数据，有了数据，特别是有了海量的数据，我们就掌握了通向成功的金钥匙。具体到工会工作方面，一些创新意识强、嗅觉敏感的工会组织已经走在大数据的前头。如某市工会组织已经借助地方政府民政、公安等相关部门的数据支持，在扶贫、帮困救助等方面，实现了工作的创新与突破，不仅极大地提高了工作效率，而且使工会工作更加科学；不仅使过去的"软"指标更加精准、极大地压缩了以往由于无法考核而带来的人为因素、裁量权不好掌握的情况，还极大地改变了工会的形象，为党的群团工作增光添彩。我们职代会的提案工作，也应该尝试在这方面有所创新发展，广泛收集职工群众的意见与建议，在海量的数据分析之基础上、在对党的方针政策和国家的法律法规准确把握的基础上、在对行业企业的中心任务与重点工作研究的基础上，确定初步的案由之后，在广泛调查研究的基础上提出提案。

(二) 会议期间的审理立案工作

1.提案征集的收尾工作。有的职工代表会前特别繁忙，或者出差在外，或者有其他什么事情没有来得及提出提案，应该允许职工代表会中继续提出提案。出现这样的情况，提案委员会负责提案征集的人员应该及时接收，并通过微信等形式向各代表团、各位代表发出通知，让还有提案的抓紧上报，并规定截止时间。这样处理，便于提案委员会的审理立案工作。

2.提案委员会对职代会提案的审理。提案委员会在大会期间若能抽出时间审理职代会提案，完成立案工作并交由行政承办部门去进行处理落实是最好的。可是往往时间不够，有的可能要占用休息时间。审理要坚持按照职代会实施细则或者提案委员会工作制度的规定进行，要坚持职代会提案审理立案的原则，将企业的重大问题、大家普遍关心的问题、近期能够解决的问题立案解决。对其他的可以作为建议，也交由相关部门来答复处理。对内容重要、涉及面广的重要提案，会前送交大会筹委会、会中送交大会主席团进行审议，由筹委会或主席团决定是否作为议题提请大会进行审议。

3.审理立案的技术问题。这方面，应该把握以下几点：一是提案委员会在审理立案过程中，在坚持立案原则的同时，在立案的数量上，可以适当考虑代表团之间的相对平衡，特别是在牵涉到更新改造与投资事项上，原则上避免"能哭的孩子多吃奶"的情况发生；二是经审查立案的提案，逐件向承办部门提出建议，对个别拿不准由哪个部门来负责的提案，可征求有关部门或者主管领导的意见；三是对需要多个部门协调解决的提案，确定一个主要部门。

三、提案委员会在职代会闭会期间的主要工作

（一）提案立案转递及处理落实中的协调沟通等工作

1.会后的审理。有一种相对稳妥的办法，是在职代会结束以后，提案委员会相对从容地对包括会议期间继续征集的提案一并进行审理，提出立案的意见，向党政主要领导汇报后或者向党委会会议汇报后，正式立案转交行政相关部门承办落实。

2.转交行政承办部门处理。提案委员会审理结束后，一般情况下，应该交由企业行政办公室或者综合部，经企业领导人签字，责成相关承办部门限时答复处理。因有的提案委员会负责人本身就是行政的副职，委员会在某种意义上兼具行政处理落实的职能，所以也可以由委员会主任，即行政负责人签字，行政办公室或者综合部交由相关承办部门处理落实。也有的单位是由行政负责人召集专题会议，请各相关承办部门现场认领，个别有异议有问题的当场协调解决。交办的过程应该有签字手续，严格认真，防止出现偏差。

3.答复处理情况的沟通与协调。提案交由承办部门具体处理落实之后，

承办部门一般都会在规定的时间内先将答复处理意见发送到提案人，并同时通报职代会提案委员会、职工代表所在代表团、企业工会，征求提案人对答复处理工作的意见。有的实现网上动态处理的单位，大家都可以在网上同时看到。有的一线职工代表可能看不到单位的门户网站，则所在代表团与分工会应及时通知提案人提案办理情况。提案人对承办部门的办理意见应该及时提出并反馈给承办部门。若双方的意见分歧较大，提案人对处理意见有看法，在与承办部门沟通无果的情况下，可向提案委员会或者所在代表团提出，提请提案委员会帮助协调，促进问题的解决。

（二）闭会期间提案的征集与处理

这是一个相对新的问题，有一部分单位已经这样做了，这相当于提案工作的常态化、民主管理的经常化，也是职工代表参与管理的日常化，是对职代会提案工作、对职代会与民主管理工作的丰富、发展和完善，对于基层民主政治建设是一种加强。

1.按制度与办法办事，做好日常提案的征集工作。有的单位职工代表可以日常提提案，提案委员会一个季度集中审理立案一次，有的是半年集中审理一次。若制度已经定了的，提案委员会就应该认真执行。至于执行中有什么问题，能否有效地进行日常的征集与处理，则应在实践中完善与发展。从一些单位的情况看，因为提案委员会是一个松散的机构，闭会期间过多地开会审理提案是不现实的。半年左右审议一次或者一季度审议一次相对好些。

2.纳入原来的处理工作体系处理落实。对闭会期间提案委员会新征集并立案的提案，应该纳入原来的处理落实工作体系进行认真的答复处理落实工作。鉴于闭会期间新立案解决的提案不会太多，应在审理立案后提出应由行政某个部门处理，向行政主管领导汇报。若提案委员会主任为行政副职，给提案委员会主任汇报也可。在取得支持之后，直接交由承办部门办理，同其他正在处理落实的提案一并进入工作流程。

（三）日常的检查监督与协调沟通

1.制发提案办理落实情况分工进度表。提案委员会对交由行政部门承办落实的提案应该进行动态管理。制表，掌握每件提案的提案人、承办部门、责任人、答复处理意见、分阶段工作进度及提案人的意见、需要协调沟通的问题等。掌握情况，心中有数，对提案人负责，对职代会负责。

2.每件提案都要有着落。立案的提案，不论是已落实的、正在落实的、还是没有落实的，都要在规定的时间内向提案人反馈处理结果，并征求提案人和附议人的意见，做到案案有着落、件件有交代。可以通过工会或代表团送达提案人手中、网上直接传递、承办单位直接向提案人反馈等途径。提案人要把处理结果转告各附议人，并将对提案处理的满意度反馈到工会。

3.组织对提案的处理落实情况进行检查监督。提案委员会同其他委员会一样，一般情况下，每年除了职代会会议期间的工作与活动之外，一年至少还要组织一次专门的活动。提案委员会活动重点是在职代会召开半年之后，对提案的处理落实情况进行检查监督。这个检查可以由提案委员会在工会组织协助下专题进行，也可与工会组织会同企业行政有关部门共同进行，与集体合同履行情况、厂务公开民主管理的检查一并进行。就检查的实际运行情况看，因为基层单位工作繁忙，改革创新工作任务重，从节约成本、提高工作效率也为减轻基层负担考虑，多数单位的检查是合并进行的。

在条件允许的情况下，单独检查的方式最好。单独检查的方式一般为：一是注重日常了解和掌握提案处理落实的情况，根据情况确定检查的重点；二是事先听取和掌握提案人的意见与提案承办部门或单位的情况介绍；三是到提案承办部门或单位检查提案处理落实情况，分析研究存在的问题，找出原因并寻求解决的办法，必要时在相关部门、单位间进行协调或向领导汇报。

4.向职代会联席会议报告检查结果。不管采用何种形式对提案的处理落实情况进行检查，检查的情况都应及时进行分析汇总，形成报告，讲明检查的总体情况，取得的成绩与基本的做法，存在的问题及其产生问题的原因；需要提请领导协调解决的重点问题、建议下一步采取的措施与对策；等等。常规情况下，检查的结果应该向职代会代表团长、专门委员会主任联席会议报告，与此同时，还应向企业党政领导汇报，向工会组织汇报。汇报之后，要注意跟踪问题的解决。若召开职代会代表团长、专委会主任联席会议，还要形成会议纪要，向下一次职代会报告请求确认。

5.重要提案的协调。在提案的处理落实过程中，对于一些涉及全体员工利益的大家比较关注的热点问题，在企业有能力解决的前提下，应该积极促成问题的解决与落实。具体的方式上，可以在向领导汇报取得支持的情况下，采用提案委员会、工会委员会、提案人、承办部门与相关单位相结合的协商座谈、实地考察、专题调研、走访等方式，推动办理工作，保证办理质量。如某单位在企业转型升级中，许多职工面临异地上班，住宿、就餐、通勤都成了突出的问题，大家反映强烈。多名职工代表在职代会上提出此问题并经提案委员会审理正式立案，承办部门虽然努力，但由于涉及费用过大等问题，落实工作进展缓慢。提案委员会在对提案落实情况进行检查监督的过程中，应抓住提案工作的"牛鼻子"，致力于推动提案工作的整体发展。提案委员会进一步调查弄清了职工群众的生产生活中的实际困难，并通过深入细致的分析及听取广大职工的意见建议，提出了具体的改进建议，积极向公司主要领导报告，在公司主要领导的重视支持下，各相关部门通力合作，使问题得到了较好的解决。

6.年末年初对提案工作的总结和向职代会报告。年末年初，一般单位都要召开新一年度的职代会，职代会的重要议程之一就是听取上次职代会的提案处理落实情况报告。提案委员会应该在半年检查的基础上，对整体的处理落实情况作进一步的了解与把握，重点是检查了解已经发现并报告但尚未得到有效处理的个别提案的处理落实进展情况。若还有问题没有解决，则应积极向主管领导汇报，协调有关部门尽快处理落实，给职代会和广大职工代表一个好的交代。

7.提案资料的规范管理。年末年初，作为当年职代会提案工作的完美收官，还要注意纸质、数字资料的归档。对职代会提案工作过程中征集、受理登记、审查立案、领导批示、落实办理、督促检查、回复等各个阶段原始文件、材料、表格以及相关汇总材料等，要认真收集整理、立卷归档。数字档案也要做好存储工作。这样做，一是规范管理的要求，二是为将来查阅有关资料提供了方便。

四、考核评价与培训提高

（一）评价、考核与表彰

1.依据相关的制度办法进行考核。提案委员会应根据单位的职代会实施办法或提案处理落实管理办法，对提案的征集情况、处理落实情况进行考核，提出对优秀提案人、提案征集先进单位、提案处理先进部门或单位进行表彰的意见与建议，报请公司工会、公司进行表彰奖励。对征集和处理工作不力的单位或代表团进行通报批评。

2.代表评价与双向评价。提案委员会在提案处理落实工作的收尾阶段可以开展双向评价，即承办单位对提案的客观性、可操作性和对企业改革发展的建设性等方面进行评价；提案人和职工代表对承办单位的办理态度和处理落实效果进行满意度评价。职工代表对提案处理落实情况的评价可以在职代会上单独进行，可以与职工代表对职代会的整体情况或者民主管理工作进行评议结合起来。有一些单位已经开始了请职工代表对职代会制度建设、职权落实情况进行满意度测评，以期推动和促进职代会制度和民主管理工作的发展。承办部门对提案质量的评价时间可与职工代表对提案、对职代会评价的时间衔接进行，也可以灵活安排。

（二）开展关于提案质量的专题培训

为进一步提高职代会提案的质量和提案处理落实工作的整体水平，加强职代会制度建设和民主管理工作的规范与发展，提高职工代表参政议政的能力，工会应在职工代表培训中强化对提案工作的培训，着力从根本上提高职代会提案质量。

1.培训的基本内容与指导思想。工会组织与提案委员会在组织对职工代表进行提案工作培训中，要学习贯彻习近平新时代中国特色社会主义思想，理解现代企业管理中以人为中心的管理与企业职工主人翁地位与作用，以及了解企业民主管理工作的发展方向与趋势。应该给职工代表讲解民主管理的基础知识与发展趋势，以开阔代表的视野。应该给大家介绍党的全心全意依靠工人阶级的指导方针和有关规定，国家有关民主管理的法律法规，企业领导体制的历史沿革，使大家从政治上认识到企业民主管理的重要性和自己身上沉甸甸的责任。应该给大家讲职代会制度的设计、基本框架，职工代表权利与义务间的关系以及职代会议案、提案等之间的相互关系。可以给大家讲提案的具体的工作技巧，如提案要一事一议，可以提联名议案，不要提牢骚性提案，提案要注重可执行性以及实用性、标题直截了当等。要强调和鼓励职工代表代表广大职工和反映广大职工的意见和建议，维护职工的具体利益和长远利益，凝聚职工群众的力量，集思广益，为企业献言献策。要激励和引导职工代表为企业的改革建设和发展，为实现中华民族伟大复兴贡献自己的智慧和力量。

2.培训的组织与技术措施。举办职工代表提案工作培训班，要加强组织领导，研究方式方法。如：开展关于"如何提高职代会提案质量"专题培训讲座，请民主管理工作专家为职工代表讲授"如何提高职代会提案质量"相关知识；请提案工作做得好的基层工会、代表团介绍加强提案征集与组织工作的经验与做法；请职工代表中的优秀提案人介绍感受与体会，分享自己的工作经验、感受与体会；请与会代表介绍各自的做法、体会以及工作中的困惑与思考。在相互的交流与沟通中，提高提案工作水平、促进整体工作的发展。

第二节　企业行政应该高度重视并做好提案工作

职工代表在职代会上就企业的经营管理和改革发展提出提案，是自己的职责与权利。企业行政处理落实职工代表的提案，是应尽的职责与任务，是对职代会和职工代表的尊重，也是完善企业经营管理、促进企业科学决策的措施与手段。

一、企业行政应该高度重视处理落实工作

（一）提高认识，把握关系

1.充分认识职工代表提案的重要意义。职工代表在企业职代会前，通过广泛听取职工意见与建议，深入进行调查研究，就企业的改革、建设和发展，就企业的经营管理、重要规章制度和涉及职工切身利益的重要问题提出提案，是行使民主管理权利和当家作主的主人翁地位的体现，也是发挥积极性、智慧和创造力及主人翁地位和精神的体现。不断提升提案工作水平，对于完善企业的决策，对于促进企业管理的科学化、民主化，对于职代会制度和企业民主管理的规范和发展，对于贯彻好党的群众路线和全心全意依靠工人阶级的指导方针，有着重要的意义与作用。

2.正确认识职代会提案与企业行政的关系。职代会是企业民主管理的基本形式，是职工行使民主管理权力的机构。而职代会提案是整个职代会组织制度的重要组成部分，是职工代表参与民主管理的重要表现形式。职代会与企业行政的关系，在某种意义上讲，是一个统一体的两个侧面，是一个问题的两个矛盾的方面。而职代会作为职工行使民主管理权力的机构，作为一个主要是同行政发生关系的相对松散的组织体系，相对于企业法人、一个实体和一个完整的组织行政系统，在一定意义上其能力等方面是比较弱的。企业行政应该依照法律法规规定尊重职代会的权威，做好职代会职工代表提案工作。

（二）思想重视，明确职责

1.高度重视，处理落实工作不摆"花架子"。企业领导应该认识到做好提案处理落实工作是执行有关法律法规的规定动作，是一项十分重要而严肃的群众工作，是学习贯彻习近平新时代中国特色社会主义思想的具体行动，是学习和践行党的群众路线的具体体现。既反映各级领导的群众观

点，又检验职能部门的服务能力。在提案处理落实过程中，要将心比心、诚心用心，重视和推动实际问题解决，让全体职工切身感受到企业领导对职工代表主人翁地位的尊重与信任，对企业民主管理重视与关切。要积极召开提案处理落实工作推进协调会，专题研究和明确提案落实的责任部门和答复意见，不摆"花架子"，切实解决好职工群众最关心、最直接、最现实的利益问题。

2.明确职责。职工代表在职代会会议期间和会后提出的提案，在经过规定的程序立案作为正式提案之后，是要由行政方来处理的。企业行政在处理落实职工代表提案方面，担负重要任务，负有不可推卸的责任，应该努力把工作做好。

企业各部门和单位要落实党的全心全意依靠工人阶级指导方针和《企业民主管理规定》，尊重职工的民主权利，认真负责地做好属于职责权限范围内的提案、建议的答复处理落实工作，虚心接受职代会的检查与监督。提案处理落实的情况每年由企业领导在职代会上向全体职工代表报告。提案的承办部门与单位对代表提案要予以高度重视，保证提案办理质量，积极、稳妥地做好提案的处理落实及答复工作；提案办理要有单位领导分管，指定专人负责、提案的传送要按照行政文件收发程序办理，做到收取有记录、发送有签收，避免交接责任不清，造成提案的失落。

二、承担提案责任主体任务

（一）坚持基本规则

1.认为提案合理可行、条件基本具备、应予以采纳并可以落实的，应及时答复落实，并提出落实该提案的具体措施、完成时间、办理部门及联系人等。

2.认为提案合理可行或基本可行，但因目前某些条件限制或解决有一定的难度而暂时不能落实的，应在答复中说明缺乏什么条件、难点在哪里、拟定什么措施去争取解决。

3.认为提案有合理的内涵，应予以认真研究。但由于解决难度较大、问题比较复杂、涉及部门较多、不能在短时间拿出落实方案的，应在答复中给出研究和处理该提案的具体计划和日期、提案办理的最终答复期。

4.认为提案不能被采用的，要在答复中将不能采纳的理由表述清楚。

5.要求承办部门或单位负责人在答复意见上签字并加盖公章，确定其责任。

（二）把握方法步骤

1.职代会提案审理委员会研究提出每件提案承办部门或单位的建议，转交行政办公室（综合部）。

2.行政办公室（综合部）确认后呈行政领导，领导批示签字，责成有关部门在限定的期限内处理落实。对有关改革发展的重大事项，对涉及多个部门、需要几个部门协调研究才能拿出答复方案的处理落实的事项，由主管领导出面组织协调，指定负责部门予以答复；或者经主要领导同意后提交行政办公会或党政联席会议集体研究决定。

3.承办部门或单位接到通知后，应认真研究解决方案，提出答复处理的意见，在作出书面答复的同时，还可通过其他形式及时与提案人进行沟通。凡能够解决的提案，应抓紧时间予以落实；一时解决不了的，要订出计划，创造条件逐步加以解决；因情况变化等原因确实解决不了的，应向主管领导汇报，向提案委员会与代表团通报，并及时与提案人沟通讲明情况，取得谅解。

4.承办部门或单位自承办之时起，一般在1个月内，将答复处理意见发送提案人，并继续做好处理落实工作。

（三）真心答复处理

1.语言暖人心扉。企业行政部门处理落实职工代表提出的提案是应尽的责任，具体承办部门在处理落实中要以积极的态度、满腔的热情做好这项工作。实践中，多数单位承办部门的负责人与工作人员做得挺好的。如有的单位承办部门的处理答复意见中，首先对提案人的主人翁精神给予肯定，"感谢您关心企业的改革发展，积极为促进企业科学管理献计献策"，而后对提案提出的具体问题做出积极的安排；即使对于提案中个别提的不太准确甚至有些毛病的问题，也会委婉地加以解释，而不是用"无法解决""观点错误"等生硬的语言。

2.态度积极认真。企业是由若干具体工作部门组成的，企业的任务包括提案的处理落实是要由企业的具体工作部门来承办的。在一定意义上讲，企业具体工作部门作为企业的一个组成方面，一言一行，所作所为，都代表着企业，反映着企业文化、表现着企业形象。在提案处理落实工作中，可能会有个别承办部门的具体工作人员不了解处理工作情况，有的分不清具体与整体的关系、部门与企业的关系，习惯从部门的角度用部门的观点来认识与思考问题。如在答复提案中，对个别自认为不应该是本部门处理落实的提案，不是从全局的角度，用对企业负责、对职工代表负责、对职代会负责的态度来向领导汇报、与提案委员会协调；不是积极主动地思考如何做好提案处理落实工作，而是从本部门的角度，仅仅以"此问题不归本部门解决"来回答，这是不负责任的态度。这就要求工会在进行提案工作的培训中，加强这方面的宣传。在实际工作中加强同一些主要承办部门之间的协调与沟通，使其进一步明白并遵循相关的办事规则，在提案处理落实工作中，要以积极认真的态度，严谨细致地做好每一件提案的答复与处理落实工作。

（四）注重实际效果

企业行政在推进提案落实过程中应注意加大对提案答复的反馈力度，加大对提案处理落实的督办力度，建立提案落实工作的评估制度。可以召开提案处理落实工作情况通报会，及时或定期通报职代会提案落实答复工作情况，让职工代表广开言路查找问题、集思广益解决问题。在提案落实答复过程中，企业应注重三个方面的问题。

1.答复率。高度重视职工代表提案的答复、落实工作，对经职代会提案委员会审理立案的每一件提案都要认真答复处理，可以组织召开提案答复推进、完善、落实工作协调会，把落实提案作为规范管理、促进工作、注重民生、凝聚人心的有效措施，作为加强民主政治建设和践行党的群众路线的有力抓手。

2.落实率。要对提案处理落实工作给予足够重视，将提案处理落实工作作为贯彻党的全心全意依靠工人阶级指导方针的重要措施，按照"即知即改、先急后缓、先易后难"的原则，做到件件有人抓，件件有落实。

3.满意率。企业行政承办部门应该通过自己的努力和卓有成效的处理落实工作，赢得广大职工代表和提案人的尊重与信任。职工代表也应该充分肯定行政承办部门所做出的努力，不能苛求承办部门，以客观公正的态度来对待行政部门的办理情况。

三、不断发展完善探索创新

（一）积极务实，透出"新气象"

重视职代会提案落实，是关心职工诉求的具体体现，也是促进职能部门提高服务意识、能力和水平的有效途径。提案处理落实答复工作要反映群众工作的"新气象"，杜绝"官样文章"。

1.在落实过程中做到先易后难。在落实提案过程中，应按照先易后难、先单项后综合的步骤，逐步做好落实工作。如关于经济技术创新与提高企业核心竞争力的建议、关于完善生产设施的建议等，坚持能落实的及时落实，对有些涉及政策的或对公司整体工作带来影响的也要及时说明。

2.在落实过程中做到先急后缓。在提案落实过程中，由于受到条件、环境、区域的限制，有些提案一时无法解决，如关于改进职工食堂夜间服务及调低菜价的建议，可能会因食堂合同承包期等问题无法解决，所以只能部分先解决，其余待合同到期再调整。

3.在落实过程中做到即知即改。为了推进提案的落实答复工作，对有些比较容易落实的提案，及时予以整改。如关于组织在职职工子女开展夏令营活动等一些时效性很强的建议，有条件有能力安排解决的应该马上安排解决。

（二）创新手段，尝试新方法

1.技术手段创新。一是要积极创造条件，打造网上处理平台。通过网络和单位的门户网站建立网上提案处理系统，是高效快捷透明的方式方法，已经有单位这样做了，且取得了很好的效果。二是充分利用微信等现代传媒手段。与门户网站相比，微信等现代传媒已经改变了并继续改变着人们的思想、工作和生活。单位的很多事项通过微信发布，极大地方便了大家工作、学习与生活。一次会议、一次旅行筹建一个微信群，解决了很多问题。在提案的处理落实包括征集工作中，将职工代表代表团、提案委员会、工会与承办部门人员组织起来建一个微信群，可以很方便地进行信息反馈，极大地提高工作效率，更加有效地接受职工代表对处理落实情况的监督，更加有效地实现提案人与承办单位、代表团、工会与提案委员会之间的沟通与协调。当然，工作进展到这一步，需要单位领导的高度重视与支持，需要较好的基础条件，需要强有力的工作团队。这是形势的需要，是职代会与民主管理工作、工会与群众工作的发展趋势。

2.工作机制创新。一般地讲，制度建立以后，要有配套的办法与措施。工作机制创新，意在强化提案处理落实制度建设的同时，强化其执行力、强化检查监督、强化考核评价与激励鞭策、强化其实际效果。具体到提案及职代会与民主管理制度建设中，要通过细致的制度建设，努力使提案与职代会制度构成一个封闭的圆圈；使敷衍塞责、推托应付、违反处理落实的行为都有相应的制衡办法与措施；使遵章守纪、探索创新、辛勤努力工作的人得到应有的尊重、表彰与奖励。

（三）更新理念，重视新探索

1.学习借鉴政务公开方式方法。很多地方的政务公开大厅，在强化基层民主政治建设，方便群众、服务群众方面不断创新发展。还有一些地方推出"只跑一趟"承诺。我们的提案工作，也是促进基层民主的具体行动，是职工群众的民主权利，是企业和谐发展的具体措施，是集中群众智慧、促进科学决策的平台，也应该好好借鉴探索，向前发展。

2.尝试从大数据中研究提炼提案处理落实中的规律。在提案委员会尝试利用大数据提出提案、着力提高提案质量的同时，企业行政及其承办部门也应该努力借助大数据，提高提案处理落实工作的质量。具体的措施与方法上面，可以尝试在对以往大量提案处理落实情况进行认真分析研究的基础上，研究提案人都提出了什么问题，重点是些什么问题，有什么规律性；如何在实践中将问题与矛盾解决在萌芽状态，如何将解决职工生产生活方面的问题与实现集体合同中职工生活福利目标有机地结合；怎样才能有效处理落实，提高提案处理落实工作的质量与水平的途径与方式方法有哪些；等等。

职代会提案是职工代表履行职责最直接最有效的方式，充分反映了职工群众的意见和要求。随着企业改革的逐步深入，利益主体呈现多元化，提案工作仍需要不断地探索和改进，最大限度地调动职工群众的积极性，真正促进企业的改革与发展。我们企业的经营管理、技术手段日益现代化、日益先进；我们众多的企业面临竞争日益激烈的形势，需要着力提高自己的核心竞争力。而职代会提案作为民主管理的一部分、作为"当好主人翁、建功新时代"的一个载体与平台，也应该而且必须提升自己的水平，提升自己的方法、手段、措施与水准。企业行政作为提案处理落实的责任主体，也应该不断推动处理落实工作的创新发展。

范例与模板

××公司×届×次职代会提案处理落实情况的报告

各位代表、同志们：

我受经理委托，向大会作关于公司×届×次职工代表提案处理落实情况的报告，请予审议。

（一）提案征集审理情况

2021年公司×届×次职代会职工代表们共提出意见和建议253条，经公司提案审理委员会归纳整理、汇总分析，先后三次在相关处室间反馈交流，征求相关处室意见，经提案审理委员会二次审理，立案41件。后呈报各主管公司领导审核确认，报总经理同意，最终确定立案 42 件，立案率为 16.6%，较公司上次职代会立案率提高了 2.8%。42 件提案中，安全生产方面的 20 件，占总数的 47.6%；经营管理、深化改革方面的 8 件，占总数的 19.1%；职工生活福利方面的 14 件，占总数的 33.3%。其余 211 件意见和建议，已于 2021 年 4 月底全部答复反馈职工代表。

（二）提案处理落实情况

经过提案受理承办部门和提案审理委员会的共同努力，提案处理落实的总体情况良好。42 件提案中，已经解决和正在解决的 41 件，占 97.6%；暂缓解决的 1 件，占 2.4%。提案人的反馈意见是：满意的 41 件，占 97.6%；表示理解的 1 件，占 2.4%。

42 件提案的具体处理情况如下。

1.安全生产方面的 20 件。20 件提案中已经解决和正在解决的 20 件，占 100%。代表满意的 20 件，占 100%。具体情况是：××代表提出的 1 号提案"关于购买《安全规章汇编》以方便职工学习的问题"，公司分别于 2021 年 5 月购买《安全规章汇编》50 本，发至各分公司和业务部门。同时，积极与集团公司联系，待集团新的《安全规章汇编》完成后，公司将统一购买，配发给各分公司和相关处室。××代表提出的 2 号提案"关于××站区综合整治的问题"，公司已安排资金 43 万元进行整修，现已交付使用。××代表提出的 3 号提案"关于××生产用房修缮的问题"，公司已安排资金 33.22 万元进行修缮，现已交付使用。××代表提出的 4 号提案"关于全面整修××乘务员待班室的问题"，公司已安排资金 95.81 万元进行整修，现已交付使用。××代表提出的 5 号提案"关于××生产房屋电线线路需要更新的问题"，公司已安排资金 16 万元，完成更新，现已交付使用（略）。

2.经营管理和改革方面的 8 件。8 件提案中，已经解决和正在解决的 7 件，占 87.5%。由于政策原因无法解决、但已经做出解释的 1 件，占 12.5%。代表满意的 7 件，占 87.5%；表示理解的 1 件，占 12.5%。具体情况是：××代表提出的 21 号提案"关于安排轨道车司机年审培训的问题"，公司综合考虑全公司轨道车司乘人员培训安排，已先期集中两期96名轨道车司乘人员进行了年审培训，年内可以全部轮训一遍。××代表提出的23号提案"关于解决新入职职工工装的问题"，目前，全公司换装工作正在进行，服装型号统计申报工作已经完毕，正在加工制作，新入职职工工装问题将随同此次换装工作一并解决。××代表提出的24号提案"关于加强经营管理、整合资源、建立物资供应长效机制的问题"，公司战略部门已经进行了多次研究，在相关制度办法的基础上，参考借鉴一些先进单位的经验与做法，根据上级的要求和总体形势，拿出初步方案征求各方面的意见。××代表提出的25号提案"关于生产力布局调整后部分人员上班通勤问题"，公司针对不同的情况，研究提出了三个方案，因涉及资金及有关政策问题，待进一步请示上级后，确定解决方案。××代表提出的26号提案"关于职工职业技能鉴定教材的问题"，已在提案立案后当月解决。××代表提出的27号提案"关于对×专项技术管理人员进行业务培训的问题"，已安排技术培训班14期，有效提高了该方面技术管理人员的业务素质。××代表提出的41号提案"关于××岗位人员配备的问题"，已列入计划，年内解决。

由于政策原因无法解决、做出解释的1件。××代表提出的22号提案（略）。

3.生活福利方面的14件。14件提案中，已经解决和基本解决的14件，占100%，代表满意的14件，占100%。（略）

（三）充分落实依靠职工群众办企业的方针，进一步推进提案处理落实工作

公司×届×次职代会提案处理落实情况总体良好，职工代表反馈意见满意率达到了97.5%以上。主要得益于以下几个方面。

1.领导重视是前提。公司领导一贯高度重视职代会提案处理工作，始终把落实好职代会提案作为依靠职工群众办企业、建设民生、保障民生的重要载体加以推进。年初，公司领导专题听取提案工作情况汇报，对有关提案进行认真研究，并对提案落实工作亲自部署和检查督促，提出具体意

见。各分管公司领导对分管部门的提案召开专题会议逐条研究，逐条制订解决方案。公司经理多次督促提案落实进度，要求各承办部门克服一切困难、想尽一切办法高质量完成职工代表提案的落实工作。年中，公司领导召开提案落实工作会议，对职工代表提案逐项提出解决推进意见，明确责任部门、责任人和完成期限。公司工会主要领导全过程关注提案落实工作，经常督促提案进展，促进了提案高质量落实。

2.高效落实是关键。提案受理部门把落实提案工作纳入本处室当年的重点任务，专题调研，专门部署，专人负责，专人督办，定期汇总，及时向主管领导汇报提案最新进展情况，推动提案工作高效落实。在提案处理落实过程中，各承办部门对每项提案进行认真分析，深入现场调查论证，制定周密措施，确保提案落实兑现。主动加强与职工代表和现场的沟通交流，认真听取职工代表对提案落实的意见和建议，促进提案办理质量有了新的提高。如计划部、财务部、人力资源部等有关部门，在落实提案中多次深入现场，和职工代表面对面沟通，受到职工代表好评。公司职工代表提案落实率达到了98%，创历年来最高水平。部分单位对提案以外的建议，坚持"能解决的尽力解决、不好解决的积极创造条件解决、不能解决的充分做好答复解释"的原则，在抓好提案落实的基础上，多措并举，促进了其他建议问题的解决。

3.督查督办是保证。加强提案的督查督办，是提高提案落实质量的有效保证。在提案落实过程中，公司提案审理委员会会同公司办公室加强检查，及时督办，使提案工作得到了很好的落实。一是定时检查。组织职工代表和职代会提案审理委员会每半年对职代会提案落实情况进行一次检查，检查情况向公司职代会联席会议进行报告，对进展缓慢的提案由公司办公室下发督办通知。二是定期跟踪。提案审理委员会每季度与承办部门沟通联系，全面了解提案落实进展情况，尤其对重要提案跟踪督办，随时掌握提案进度。三是群众监督。一方面，职工代表主动和提案承办部门进行沟通，随时询问提案落实情况；另一方面，"网上提案处理系统"将提案处理全程公开，接受职工群众的随时监督。同时，提案审理委员会将提案落实情况、存在问题和工作建议通过公司厂务公开网站向全公司通报，进一步增加了提案工作的透明度，提升了提案的办理效率。

公司职工代表提案处理落实工作在各级领导的重视和有关部门的努力下，取得了一定成绩，对公司改革创新发展稳定发挥了积极的作用，但仍存在不足之处。比如有的提案案由不清，建议不具体；有的提案内容表达不准确，理由不充分；有的代表团审核不严，一件提案多人重复提出或一案多提的现象仍然存在。个别承办部门答复反馈不到位、办理落实不及时。这些都需要提案审理委员会和各单位、各部门以及职工代表的共同努力，认真加以解决。

各位代表、同志们，职代会提案是落实党的全心全意依靠工人阶级的指导方针、加强基层民主政治建设的重要载体，是职工群众行使民主权利、参与企业管理的有效形式，更是反映职工愿望、解决职工关注问题的主要渠道。做好职代会提案落实工作是我们义不容辞的责任。我们真诚地希望，新一届职工代表对提案处理落实报告进行审议，认真履行自己的职责，围绕公司 2019 年各项奋斗目标，进一步增强责任感、荣誉感和使命感，以高度的主人翁精神和高昂的工作热情，全身心投入公司的各项事业当中，提出高质量的意见和建议，为公司的转型发展与核心竞争力的提升、为实现公司新一年的各项奋斗目标、为实现中华民族伟大复兴的中国梦作出新的贡献。

谢谢大家!

关于对提案进行初步审理的通知（范例）

各相关业务处、部、室：

根据领导的指示精神，现将公司职代会提案审理委员会对公司十一届一次职代会提案的初步审理意见反馈你处，请高度重视，认真进行审理，并在此基础上提出本部门初步的立案意见和建议。注意不要在提案表上直接答复，只需说明哪些意见和建议你处可以立案解决，建议转往他处的提案一定要写明具体处室和转出理由，然后以书面形式由部门负责人签字、部门盖章后，于×月××日××点前同原提案表一起反馈公司办公室。由提案审理委员会进行二次审理。

联系人： 联系电话：

公司办公室 公司第×届职代会提案审理委员会

×××年×月×日

××公司×届职代会提案审理委员会××年度工作报告

各位代表：

现将××公司×届职代会提案审理委员会 2021 年度工作报告如下，请审议。

（一）提高认识，认真做好提案征集和审理立案工作

提案是职工代表关心企业改革创新发展、参与企业管理、行使民主权利的重要形式。做好提案落实工作是促进企业改革创新发展的必然要求，也是维护职工的政治经济权益的具体体现。因此，第×届职代会提案审理委员会始终把做好提案征集与审理、提高提案质量和协助承办部门做好处理落实工作作为重中之重，主动作为，积极推进，有效促进了各项提案的处理落实。按照公司《关于召开公司×届一次职代会的通知》要求，提案审理委员会在各代表团的密切配合下，会前提前印发了提案表，组织各代表团做好提案征集工作。始终保持职工代表日常参与企业管理渠道的畅通，落实职代会闭会期间持续征集处理提案制度，共征集各类意见和建议252 件。经认真梳理和研究，符合立案条件予以立案的 51 件，其余 201 件作为建议，由公司行政有关处室解释回复职工代表。各处室答复处理意见截至 2021 年 4 月底全部完成。

公司领导对提案处理工作十分重视，专门召开经理办公会进行研究，促进了提案的处理落实。目前，公司×届二次职代会的提案征集工作同样进展顺利，会前已收到各类意见和建议 386 件，征集审理工作正在紧张进行。

（二）加强督查，切实提高提案落实质量

去年 3 月公司×届一次职代会后，提案审理委员会会同公司办公室及有关业务部门，先后两次组织人员对 51 件提案处理落实情况进行了检查。

在公司×届×次职代会第二次联席会议上对上半年检查情况进行了通报，对处理落实工作进展缓慢的提案下发了督办通知。××××年×月×日，公司再次召集公司承办提案的18个部门与单位负责同志，专题召开提案处理落实工作会议，认真分析提案处理落实工作中存在的问题，对生活福利设施建设缓慢的几个提案，逐项研究解决办法，并下发会议纪要，明确了责任部门和落实解决的时限要求。

去年年底，提案审理委员会征求了提案人及所在单位意见，及时将职工代表意见向承办部门反馈，督促提案落实。经过提案审理委员会及相关部门的努力工作，51件提案已得到了较好的处理落实。其中，已经解决和正在解决的49件，占96.1%；由于其他原因尚未解决的2件，占3.9%。提案人认为满意的49件，占96.1%；表示理解的2件，占3.9%。职代会提案、建议的征集处理工作，有效激发了广大职工的主人翁责任感，促进了安全生产、经营管理等方面重大问题的解决，加快了全公司改革发展的步伐。

（三）不负重托，推动提案处理落实工作再上新台阶

×届一次职代会提案处理落实工作的顺利进行，主要得益于领导高度重视、承办部门认真负责以及提案审理委员会的努力工作。但我们也清醒地看到，提案处理工作还远远不能满足广大职工的期望，与规范管理和领导的要求还有一定的差距。主要表现在，提案质量有待提高。有的提案概念模糊，宽泛笼统；有的提案一案多条，重点不清；有的提案前期调研不细致，造成提案失真，给处理落实工作带来被动。个别承办部门的提案处理落实工作还有待进一步规范，需要积极与职工代表沟通，更加主动地做好工作。这些都需要提案审理委员会和各单位、各部门以及职工代表的共同努力才能解决。为此，我们一是希望各位代表结合公司年度工作重点和发展规划，有针对性地提出与公司改革创新和发展相关，能体现公司发展目标和中心工作任务以及大家普遍关注和近期能够解决的提案。二是希望公司行政承办提案的部门充分重视各位代表提出的提案，认真研究和切实解决问题，以对企业发展和职工负责的态度办理提案和答复提案人，在提

案经领导指示转送相关部门后，能办理的立即办理，因资金或其他条件原因暂时不能办理的，做好与提案人的沟通解释工作。三是就提案审理委员会自身的工作而言，我们要继续加大征集工作力度和工作透明度，切实做好提案审查工作，严格立案标准，确保提案质量；要主动联系、引导和配合承办部门加强与提案人的沟通协商，了解办理情况，掌握办理进度，协调解决问题。也希望各位代表发挥督办职责，积极参与提案办理监督，促进提案更好更快解决。

认真做好提案工作是我们义不容辞的责任，我们希望广大职工代表珍视自己的民主权利，不断提高参政议政水平，更加客观地提出代表广大职工整体利益的提案，更加准确地提出高质量的意见和建议，并积极参与提案的落实监督工作，为公司的改革、发展、创新和稳定，贡献自己的智慧和力量。(××公司职代会提案审理委员会)

1. 中华全国总工会办公厅关于规范召开
企业职工代表大会的意见

（2011 年 12 月 7 日）

为规范召开企业职工代表大会（以下简称职代会），充分有效地发挥企业职代会作用，根据相关法律法规，结合企业职代会运行的实际情况，提出以下意见。

一、企业职代会每年至少召开一次。

二、企业职代会实行届期制，每三至五年为一届，到期应当及时换届。

三、企业工会是企业职代会的工作机构。未建工会的企业召开职代会，应当向上级工会组织报告，在其指导下开展相关工作。

四、企业首次召开职代会前应当成立筹备机构，由企业党组织、行政、工会等方面人员组成。筹备机构主要任务是：起草本单位职代会实施办法（细则）；组织选举职工代表；起草职代会筹备工作情况报告；研究确定本次职代会主要议题和议程；听取职工的意见和建议，等等。

五、企业应当根据法律法规的规定，结合实际，制定职代会实施办法（细则）。职代会实施办法（细则）应当提交职代会审议通过。

六、企业应当根据职工人数和生产（行政）单位设置状况确定职工代表总数、划分选区、分配名额，进行职工代表的选举。职工代表人数应当按照企业全体职工人数的一定比例确定，具体比例和人数应当按照本企业职代会实施办法（细则）确定，或由企业与工会协商确定，但最少不得低于三十人。企业职工人数在五十人以下的，应当召开职工大会。

七、职工代表中应当有工人、技术人员、管理人员、企业领导人员和其他方面的职工。其中企业领导人员一般不超过职工代表总数的五分之一。

八、各选区按照分配名额，由工会负责组织职工直接选举职工代表。

九、企业领导（高级管理）人员应当在相应的选区，参加职工代表的选举。

十、选举（撤换）职工代表，必须有选区全体职工三分之二以上参加，得到选区全体职工总数二分之一以上同意票者方可当选（撤换）。

管理层级较多的企业，参加上一级职代会的职工代表，可以在下一级职代会职工代表中选举产生，也可以由全体职工直接选举产生。

十一、职工代表人数较多的可以按选区组成代表团（组），推选团（组）长。

十二、职工代表实行常任制，任期与职代会届期相同，可以连选连任。

十三、职工代表在任期内因跨选区工作岗位变动或企业与其终止、解除劳动关系，其代表资格自行终止，缺额应当由原选举单位按照规定补选。

十四、职代会可以设列席代表和特邀代表；可以组织职工旁听。

十五、工会应当按照企业职代会实施办法（细则）制定职工代表选举方案；负责对职工代表条件、产生程序、人员构成比例等进行审核，并将职工代表名单进行公示，接受职工监督。

十六、确定召开职代会后，工会或职代会提案委员会应当通过职工代表向职工征集提案；经审查立案后提交职代会讨论。

十七、召开职代会前应当以书面形式，通知职工代表参加会议的时间、地点及主要内容。

十八、需要通过职代会讨论表决事项的相关材料，一般应当在会前不少于7个工作日，以书面形式送达职工代表，由职工代表团（组）长组织职工代表充分讨论和征求选区职工的意见。

十九、基层工会组织在召开职代会之前，应当向上一级工会报告会议筹备情况，上一级工会应当予以指导。

二十、正式召开职代会前可以召开预备会议。预备会议由本企业工会主持，全体职工代表参加。

二十一、职代会预备会议的主要程序是：

（一）选举大会主席团；

（二）听取关于本届（次）职代会筹备情况的报告；

（三）审议通过关于职工代表资格审查情况的报告；

（四）通过大会议程；

（五）决定大会其它有关事项。

二十二、召开职代会正式会议必须有全体职工代表的三分之二以上到会。

会议主持人必须向大会报告职工代表出席情况、职代会提案征集处理情况和上次职代会提案的落实情况。

二十三、职代会应当以职工代表团（组）为单位讨论相关事宜。大会主席团成员分别参加本代表团（组）的讨论。

二十四、职代会选举及表决通过决议、重要事项，应当以无记名投票方式进行，得到全体职工代表二分之一以上同意票方为当选（有效）。

二十五、职代会主席团负责处理会议期间的相关事项。

二十六、职代会闭会期间遇有重大问题，可由企业行政、工会或三分之一以上的职工代表联名，提议召开职代会，并按照规范程序进行。

二十七、职代会通过的决议、重要事项和选举结果等应当形成书面文件并及时公示。

职代会应当建立专门档案。

二十八、事业单位、民办非企业单位等其他单位可参照本意见执行。

2. 企业民主管理规定

第一章　总　则

第一条　为完善以职工代表大会为基本形式的企业民主管理制度，推进厂务公开，支持职工参与企业管理，维护职工合法权益，构建和谐劳动关系，促进企业持续健康发展，加强基层民主政治建设，依据宪法和相关法律制定本规定。

第二条　企业民主管理工作应当坚持党的领导，以邓小平理论和"三个代表"重要思想为指导，深入贯彻落实科学发展观，坚定不移地贯彻落实党的全心全意依靠工人阶级的根本指导方针。

企业党组织应当加强对民主管理工作的领导和支持。

第三条　职工代表大会（或职工大会，下同）是职工行使民主管理权力的机构，是企业民主管理的基本形式。

企业应当按照合法、有序、公开、公正的原则，建立以职工代表大会为基本形式的民主管理制度，实行厂务公开，推行民主管理。公司制企业（以下简称公司）应当依法建立职工董事、职工监事制度。

企业应当尊重和保障职工依法享有的知情权、参与权、表达权和监督权等民主权利，支持职工参加企业管理活动。

第四条　企业职工应当尊重和支持企业依法行使管理职权，积极参与企业管理。

第五条　企业工会应当组织职工依法开展企业民主管理，维护职工合法权益。

上级工会应当指导和帮助企业工会和职工依法开展企业民主管理活动，对企业实行民主管理的情况进行监督。

第六条　企业代表组织应当推动企业实行民主管理，促进企业健康发展。

第七条 各级党委纪检部门、组织部门，各级人民政府国有资产监督管理机构和监察机关等有关部门应当依照各自职责，对企业民主管理工作进行指导、检查和监督。

第二章 职工代表大会制度

第一节 职工代表大会组织制度和职权

第八条 企业可以根据职工人数确定召开职工代表大会或者职工大会。

企业召开职工代表大会的，职工代表人数按照不少于全体职工人数的百分之五确定，最少不少于三十人。职工代表人数超过一百人的，超出的代表人数可以由企业与工会协商确定。

第九条 职工代表大会的代表由工人、技术人员、管理人员、企业领导人员和其他方面的职工组成。其中，企业中层以上管理人员和领导人员一般不得超过职工代表总人数的百分之二十。有女职工和劳务派遣职工的企业，职工代表中应当有适当比例的女职工和劳务派遣职工代表。

第十条 职工代表大会每届任期为三年至五年。具体任期由职工代表大会根据本单位的实际情况确定。

职工代表大会因故需要提前或者延期换届的，应当由职工代表大会或者其授权的机构决定。

第十一条 职工代表大会根据需要，可以设立若干专门委员会（小组），负责办理职工代表大会交办的事项。专门委员会（小组）成员人选必须经职工代表大会审议通过。

第十二条 职工代表按照基层选举单位组成代表团（组），并推选团（组）长。可以设立职工代表大会团（组）长和专门委员会（小组）负责人联席会议，根据职工代表大会授权，在职工代表大会闭会期间负责处理临时需要解决的重要问题，并提请下一次职工代表大会确认。

联席会议由企业工会负责召集，联席会议可以根据会议内容邀请企业领导人员或其他有关人员参加。

第十三条　职工代表大会行使下列职权：

（一）听取企业主要负责人关于企业发展规划、年度生产经营管理情况，企业改革和制定重要规章制度情况，企业用工、劳动合同和集体合同签订履行情况，企业安全生产情况，企业缴纳社会保险费和住房公积金情况等报告，提出意见和建议；

审议企业制定、修改或者决定的有关劳动报酬、工作时间、休息休假、劳动安全卫生、保险福利、职工培训、劳动纪律以及劳动定额管理等直接涉及劳动者切身利益的规章制度或者重大事项方案，提出意见和建议；

（二）审议通过集体合同草案，按照国家有关规定提取的职工福利基金使用方案、住房公积金和社会保险费缴纳比例和时间的调整方案，劳动模范的推荐人选等重大事项；

（三）选举或者罢免职工董事、职工监事，选举依法进入破产程序企业的债权人会议和债权人委员会中的职工代表，根据授权推荐或者选举企业经营管理人员；

（四）审查监督企业执行劳动法律法规和劳动规章制度情况，民主评议企业领导人员，并提出奖惩建议；

（五）法律法规规定的其他职权。

第十四条　国有企业和国有控股企业职工代表大会除按第十三条规定行使职权外，行使下列职权：

（一）听取和审议企业经营管理主要负责人关于企业投资和重大技术改造、财务预决算、企业业务招待费使用等情况的报告，专业技术职称的评聘、企业公积金的使用、企业的改制等方案，并提出意见和建议；

（二）审议通过企业合并、分立、改制、解散、破产实施方案中职工的裁减、分流和安置方案；

（三）依照法律、行政法规、行政规章规定的其他职权。

第十五条　县级以下一定区域内或者性质相近的行业内的若干尚不具备单独建立职工代表大会制度条件的中小企业，可以通过选举代表联合建立区域（行业）职工代表大会制度，开展企业民主管理活动。

工会负责组织建立区域（行业）职工代表大会制度。区域（行业）工会作为区域（行业）职工代表大会的工作机构承担日常工作。

第十六条　集团企业的总部机关和各分公司、分厂、车间以及其他分支机构可以按照一定比例选举产生职工代表，召开集团企业职工代表大会，实行企业民主管理。

集团企业的总部机关和各分公司、分厂、车间以及其他分支机构，按照本规定建立职工代表大会制度，在各自的职权范围内分别开展民主管理活动。

第二节　职工代表大会工作制度

第十七条　职工代表大会每年至少召开一次。职工代表大会全体会议必须有三分之二以上的职工代表出席。

第十八条　职工代表大会议题和议案应当由企业工会听取职工意见后与企业协商确定，并在会议召开七日前以书面形式送达职工代表。

第十九条　职工代表大会可以设主席团主持会议。主席团成员由企业工会与职工代表大会各团（组）协商提出候选人名单，经职工代表大会预备会议表决通过。其中，工人、技术人员、管理人员不少于百分之五十。

第二十条　职工代表大会选举和表决相关事项，必须按照少数服从多数的原则，经全体职工代表的过半数通过。对重要事项的表决，应当采用无记名投票的方式分项表决。

第二十一条　职工代表大会在其职权范围内依法审议通过的决议和事项具有约束力，非经职工代表大会同意不得变更或撤销。

企业应当提请职工代表大会审议、通过、决定的事项，未按照法定程序审议、通过或者决定的无效。

第二十二条　企业工会委员会是职工代表大会的工作机构，负责职工代表大会的日常工作，履行下列职责：

（一）提出职工代表大会代表选举方案，组织职工选举职工代表和代表团（组）长；

（二）征集职工代表提案，提出职工代表大会议题的建议；

（三）负责职工代表大会会议的筹备和组织工作，提出职工代表大会的议程建议；

（四）提出职工代表大会主席团组成方案和组成人员建议名单；提出专门委员会（小组）的设立方案和组成人员建议名单；

（五）向职工代表大会报告职工代表大会决议的执行情况和职工代表大会提案的办理情况、厂务公开的实行情况等；

（六）在职工代表大会闭会期间，负责组织专门委员会（小组）和职工代表就企业职工代表大会决议的执行情况和职工代表大会提案的办理情况、厂务公开的实行情况等，开展巡视、检查、质询等监督活动；

（七）受理职工代表的申诉和建议，维护职工代表的合法权益；

（八）向职工进行民主管理的宣传教育，组织职工代表开展学习和培训，提高职工代表素质；

（九）建立和管理职工代表大会工作档案。

第三节　职工代表的产生和权利义务

第二十三条　与企业签订劳动合同建立劳动关系以及与企业存在事实劳动关系的职工，有选举和被选举为职工代表大会代表的权利。

依法终止或者解除劳动关系的职工代表，其代表资格自行终止。

第二十四条　职工代表应当以班组、工段、车间、科室等为基本选举单位由职工直接选举产生。规模较大、管理层次较多的企业的职工代表，可以由下一级职工代表大会代表选举产生。

第二十五条　选举、罢免职工代表，应当召开选举单位全体职工会议，会议应有三分之二以上职工参加。选举、罢免职工代表的决定，应经全体职工的过半数通过方为有效。

第二十六条　职工代表实行常任制，职工代表任期与职工代表大会届期一致，可以连选连任。

职工代表出现缺额时，原选举单位应按规定的条件和程序及时补选。

第二十七条　职工代表向选举单位的职工负责并报告工作，接受选举单位职工的监督。

第二十八条　职工代表享有下列权利：

（一）选举权、被选举权和表决权；

（二）参加职工代表大会及其工作机构组织的民主管理活动；

（三）对企业领导人员进行评议和质询；

（四）在职工代表大会闭会期间对企业执行职工代表大会决议情况进行监督、检查。

第二十九条 职工代表应当履行下列义务：

（一）遵守法律法规、企业规章制度，提高自身素质，积极参与企业民主管理；

（二）依法履行职工代表职责，听取职工对企业生产经营管理等方面的意见和建议，以及涉及职工切身利益问题的意见和要求，并客观真实地向企业反映；

（三）参加企业职工代表大会组织的各项活动，执行职工代表大会通过的决议，完成职工代表大会交办的工作；

（四）向选举单位的职工报告参加职工代表大会活动和履行职责情况，接受职工的评议和监督；

（五）保守企业的商业秘密和与知识产权相关的保密事项。

第三十条 职工代表履行职责受法律保护，任何组织和个人不得阻挠和打击报复。

职工代表在法定工作时间内依法参加职工代表大会及其组织的各项活动，企业应当正常支付劳动报酬，不得降低其工资和其他福利待遇。

第三章 厂务公开制度

第三十一条 企业应当建立和实行厂务公开制度，通过职工代表大会和其他形式，将企业生产经营管理的重大事项、涉及职工切身利益的规章制度和经营管理人员廉洁从业相关情况，按照一定程序向职工公开，听取职工意见，接受职工监督。

第三十二条 企业主要负责人是实行厂务公开的责任人。企业应当建立相应机构或者确定专人负责厂务公开工作。

第三十三条 企业实行厂务公开应当遵循合法、及时、真实、有利于职工权益维护和企业发展的原则。

实行厂务公开应当保守企业商业秘密以及与知识产权相关的保密事项。

第三十四条　企业应当向职工公开下列事项：

（一）经营管理的基本情况；

（二）招用职工及签订劳动合同的情况；

（三）集体合同文本和劳动规章制度的内容；

（四）奖励处罚职工、单方解除劳动合同的情况以及裁员的方案和结果，评选劳动模范和优秀职工的条件、名额和结果；

（五）劳动安全卫生标准、安全事故发生情况及处理结果；

（六）社会保险以及企业年金的缴费情况；

（七）职工教育经费提取、使用和职工培训计划及执行的情况；

（八）劳动争议及处理结果情况；

（九）法律法规规定的其他事项。

第三十五条　国有企业、集体企业及其控股企业除公开第十三条、第十四条和第三十四条规定的相关事项外，还应当公开下列事项：

（一）投资和生产经营管理重大决策方案等重大事项，企业中长期发展规划；

（二）年度生产经营目标及完成情况，企业担保，大额资金使用、大额资产处置情况，工程建设项目的招投标，大宗物资采购供应，产品销售和盈亏情况，承包租赁合同履行情况，内部经济责任制落实情况，重要规章制度制定等重大事项；

（三）职工提薪晋级、工资奖金收入分配情况；专业技术职称的评聘情况；

（四）中层领导人员、重要岗位人员的选聘和任用情况，企业领导人员薪酬、职务消费和兼职情况，以及出国出境费用支出等廉洁自律规定执行情况，职工代表大会民主评议企业领导人员的结果；

（五）依照国家有关规定应当公开的其他事项。

第四章　职工董事和职工监事制度

第三十六条　公司制企业应当依法建立职工董事和职工监事制度，支持职工代表大会选举产生的职工代表作为董事会、监事会成员参与公司决策、管理和监督，代表和维护职工合法权益，促进企业健康发展。

第三十七条　公司应当依法在公司章程中明确规定职工董事、职工监事的具体比例和人数。

第三十八条　职工董事、职工监事候选人由公司工会根据自荐、推荐情况，在充分听取职工意见的基础上提名，经职工代表大会全体代表的过半数通过方可当选，并报上一级工会组织备案。

工会主席、副主席应当作为职工董事、职工监事候选人人选。

第三十九条　公司高级管理人员和监事不得兼任职工董事；公司高级管理人员和董事不得兼任职工监事。

第四十条　职工董事、职工监事的任期与公司其他董事、监事的任期相同，可以连选连任。

第四十一条　职工董事、职工监事不履行职责或者有严重过错的，经三分之一以上的职工代表联名提议，职工代表大会全体代表的过半数通过可以罢免。

职工董事、职工监事出现空缺时，由公司工会依照本规定第三十八条的规定提出替补人选，提请职工代表大会民主选举产生。

第四十二条　职工董事依法行使下列权利：

（一）参加董事会会议，行使董事的发言权和表决权；

（二）就涉及职工切身利益的规章制度或者重大事项，提请召开董事会会议，反映职工的合理要求，维护职工合法权益；

（三）列席与其职责相关的公司行政办公会议和有关生产经营工作的重要会议；

（四）要求公司工会、公司有关部门和机构通报有关情况并提供相关资料；

（五）法律法规和公司章程规定的其他权利。

第四十三条　职工监事依法行使下列权利：

（一）参加监事会会议，行使监事的发言权和表决权；

（二）就涉及职工切身利益的规章制度或者重大事项，提议召开监事会会议；

（三）监督公司的财务情况和公司董事、高级管理人员执行公司职务的行为；监督检查公司对涉及职工切身利益的法律法规、公司规章制度贯彻执行情况；劳动合同和集体合同的履行情况；

（四）列席董事会会议，并对董事会决议事项提出质询或者建议；列席与其职责相关的公司行政办公会议和有关生产经营工作的重要会议；

（五）要求公司工会、公司有关部门和机构通报有关情况并提供相关资料；

（六）法律法规和公司章程规定的其他权利。

第四十四条　职工董事、职工监事应当履行下列义务：

（一）遵守法律法规，遵守公司章程及各项规章制度，保守公司秘密，认真履行职责；

（二）定期听取职工的意见和建议，在董事会、监事会上真实、准确、全面地反映职工的意见和建议；

（三）定期向职工代表大会述职和报告工作，执行职工代表大会的有关决议，在董事会、监事会会议上，对职工代表大会作出决议的事项，应当按照职工代表大会的相关决议发表意见，行使表决权；

（四）法律法规和公司章程规定的其他义务。

第四十五条　公司应当保障职工董事、职工监事依照法律法规和公司章程开展工作，为职工董事、职工监事履行职责提供必要的工作条件。

第四十六条　职工董事、职工监事在任职期间，除法定情形外，公司不得与其解除劳动合同。

第四十七条　职工董事、职工监事与公司的其他董事、监事享有同等的权利，承担相应的义务。

第五章　附　则

第四十八条　各地区、各有关部门和各企业根据本规定制定实施办法，推进企业民主管理工作。

第四十九条　集体企业依照《城镇集体所有制企业条例》等有关法律法规规定实行民主管理。

第五十条　本规定自发布之日起施行。

中共中央纪委　　　　　　　　　　　　　　　　中共中央组织部

国务院国有资产监督管理委员会　　　　　　　　　　监　察　部

中华全国总工会　　　　　　　　　　　　　中华全国工商业联合会

2012 年 2 月 13 日

3. 工会基层组织选举工作条例

第一章　总　则

第一条　为规范工会基层组织选举工作，加强基层工会建设，发挥基层工会作用，根据《中华人民共和国工会法》《中国工会章程》等有关规定，制定本条例。

第二条　本条例适用于企业、事业单位、机关和其他社会组织单独或联合建立的基层工会委员会。

第三条　基层工会委员会由会员大会或会员代表大会选举产生。工会委员会的主席、副主席，可以由会员大会或会员代表大会直接选举产生，也可以由工会委员会选举产生。

第四条　工会会员享有选举权、被选举权和表决权。保留会籍的人员除外。

第五条　选举工作应坚持党的领导，坚持民主集中制，遵循依法规范、公开公正的原则，尊重和保障会员的民主权利，体现选举人的意志。

第六条　选举工作在同级党组织和上一级工会领导下进行。未建立党组织的在上一级工会领导下进行。

第七条　基层工会委员会换届选举的筹备工作由上届工会委员会负责。

新建立的基层工会组织选举筹备工作由工会筹备组负责。筹备组成员由同级党组织代表和职工代表组成，根据工作需要，上级工会可以派人参加。

第二章　委员和常务委员名额

第八条　基层工会委员会委员名额，按会员人数确定：

不足 25 人，设委员 3 至 5 人，也可以设主席或组织员 1 人；

25 人至 200 人，设委员 3 至 7 人；

201 人至 1000 人，设委员 7 至 15 人；

1001 人至 5000 人，设委员 15 至 21 人；

5001 人至 10000 人，设委员 21 至 29 人；

10001 人至 50000 人，设委员 29 至 37 人；

50001 人以上，设委员 37 至 45 人。

第九条　大型企事业单位基层工会委员会，经上一级工会批准，可以设常务委员会，常务委员会由 9 至 11 人组成。

第三章　候选人的提出

第十条　基层工会委员会的委员、常务委员会委员和主席、副主席的选举均应设候选人。候选人应信念坚定、为民服务、勤政务实、敢于担当、清正廉洁，热爱工会工作，受到职工信赖。

基层工会委员会委员候选人中应有适当比例的劳模（先进工作者）、一线职工和女职工代表。

第十一条　单位行政主要负责人、法定代表人、合伙人以及他们的近亲属不得作为本单位工会委员会委员、常务委员会委员和主席、副主席候选人。

第十二条　基层工会委员会的委员候选人，应经会员充分酝酿讨论，一般以工会分会或工会小组为单位推荐。由上届工会委员会或工会筹备组根据多数工会分会或工会小组的意见，提出候选人建议名单，报经同级党组织和上一级工会审查同意后，提交会员大会或会员代表大会表决通过。

第十三条　基层工会委员会的常务委员会委员、主席、副主席候选人，可以由上届工会委员会或工会筹备组根据多数工会分会或工会小组的意见提出建议名单，报经同级党组织和上一级工会审查同意后提出；也可以由同级党组织与上一级工会协商提出建议名单，经工会分会或工会小组酝酿讨论后，由上届工会委员会或工会筹备组根据多数工会分会或工会小组的意见，报经同级党组织和上一级工会审查同意后提出。

根据工作需要，经上一级工会与基层工会和同级党组织协商同意，上一级工会可以向基层工会推荐本单位以外人员作为工会主席、副主席候选人。

第十四条　基层工会委员会的主席、副主席，在任职一年内应按规定参加岗位任职资格培训。凡无正当理由未按规定参加岗位任职资格培训的，一般不再提名为下届主席、副主席候选人。

第四章　选举的实施

第十五条　基层工会组织实施选举前应向同级党组织和上一级工会报告，制定选举工作方案和选举办法。

基层工会委员会委员候选人建议名单应进行公示，公示期不少于 5 个工作日。

第十六条　会员不足 100 人的基层工会组织，应召开会员大会进行选举；会员 100 人以上的基层工会组织，应召开会员大会或会员代表大会进行选举。

召开会员代表大会进行选举的，按照有关规定由会员民主选举产生会员代表。

第十七条　参加选举的人数为应到会人数的三分之二以上时，方可进行选举。

基层工会委员会委员和常务委员会委员应差额选举产生，可以直接采用候选人数多于应选人数的差额选举办法进行正式选举，也可以先采用差额选举办法进行预选产生候选人名单，然后进行正式选举。委员会委员和常务委员会委员的差额率分别不低于 5% 和 10%。常务委员会委员应从新当选的工会委员会委员中产生。

第十八条　基层工会主席、副主席可以等额选举产生，也可以差额选举产生。主席、副主席应从新当选的工会委员会委员中产生，设立常务委员会的应从新当选的常务委员会委员中产生。

第十九条　基层工会主席、副主席由会员大会或会员代表大会直接选举产生的，一般在经营管理正常、劳动关系和谐、职工队伍稳定的中小企事业单位进行。

第二十条　召开会员大会进行选举时，由上届工会委员会或工会筹备组主持；不设委员会的基层工会组织进行选举时，由上届工会主席或组织员主持。

召开会员代表大会进行选举时，可以由大会主席团主持，也可以由上届工会委员会或工会筹备组主持。大会主席团成员由上届工会委员会或工会筹备组根据各代表团（组）的意见，提出建议名单，提交代表大会预备会议表决通过。

召开基层工会委员会第一次全体会议选举常务委员会委员、主席、副主席时，由上届工会委员会或工会筹备组或大会主席团推荐一名新当选的工会委员会委员主持。

第二十一条　选举前，上届工会委员会或工会筹备组或大会主席团应将候选人的名单、简历及有关情况向选举人介绍。

第二十二条　选举设监票人，负责对选举全过程进行监督。

召开会员大会或会员代表大会选举时，监票人由全体会员或会员代表、各代表团（组）从不是候选人的会员或会员代表中推选，经会员大会或会员代表大会表决通过。

召开工会委员会第一次全体会议选举时，监票人从不是常务委员会委员、主席、副主席候选人的委员中推选，经全体委员会议表决通过。

第二十三条 选举采用无记名投票方式。不能出席会议的选举人，不得委托他人代为投票。

选票上候选人的名单按姓氏笔画为序排列。

第二十四条 选举人可以投赞成票或不赞成票，也可以投弃权票。投不赞成票者可以另选他人。

第二十五条 会员或会员代表在选举期间，如不能离开生产、工作岗位，在监票人的监督下，可以在选举单位设立的流动票箱投票。

第二十六条 投票结束后，在监票人的监督下，当场清点选票，进行计票。

选举收回的选票，等于或少于发出选票的，选举有效；多于发出选票的，选举无效，应重新选举。

每张选票所选人数等于或少于规定应选人数的为有效票，多于规定应选人数的为无效票。

第二十七条 被选举人获得应到会人数的过半数赞成票时，始得当选。

获得过半数赞成票的被选举人人数超过应选名额时，得赞成票多的当选。如遇赞成票数相等不能确定当选人时，应就票数相等的被选举人再次投票，得赞成票多的当选。

当选人数少于应选名额时，对不足的名额可以另行选举。如果接近应选名额且符合第八条规定，也可以由大会征得多数会员或会员代表的同意减少名额，不再进行选举。

第二十八条 大会主持人应当场宣布选举结果及选举是否有效。

第二十九条 基层工会委员会、常务委员会和主席、副主席的选举结果，报上一级工会批准。上一级工会自接到报告15日内应予批复。违反规定程序选举的，上一级工会不得批准，应重新选举。

基层工会委员会的任期自选举之日起计算。

第五章　任期、调动、罢免和补选

第三十条　基层工会委员会每届任期三年或五年，具体任期由会员大会或会员代表大会决定。经选举产生的工会委员会委员、常务委员会委员和主席、副主席可连选连任。基层工会委员会任期届满，应按期换届选举。遇有特殊情况，经上一级工会批准，可以提前或延期换届，延期时间一般不超过半年。

上一级工会负责督促指导基层工会组织按期换届。

第三十一条　基层工会主席、副主席任期未满时，不得随意调动其工作。因工作需要调动时，应征得本级工会委员会和上一级工会的同意。

第三十二条　经会员大会或会员代表大会民主测评和上级工会与同级党组织考察，需撤换或罢免工会委员会委员、常务委员会委员和主席、副主席时，须依法召开会员大会或会员代表大会讨论，非经会员大会全体会员或会员代表大会全体代表无记名投票过半数通过，不得撤换或罢免。

第三十三条　基层工会主席因工作调动或其他原因空缺时，应及时按照相应民主程序进行补选。

补选主席，如候选人是委员的，可以由工会委员会选举产生，也可以由会员大会或会员代表大会选举产生；如候选人不是委员的，可以经会员大会或会员代表大会补选为委员后，由工会委员会选举产生，也可以由会员大会或会员代表大会选举产生。

补选主席的任期为本届工会委员会尚未履行的期限。补选主席前征得同级党组织和上一级工会的同意，可暂由一名副主席或委员主持工作，期限一般不超过半年。

第六章　经费审查委员会

第三十四条　凡建立一级工会财务管理的基层工会组织，应在选举基层工会委员会的同时，选举产生经费审查委员会。

第三十五条　基层工会经费审查委员会委员名额一般 3 至 11 人。经费审查委员会设主任 1 人，可根据工作需要设副主任 1 人。

基层工会的主席、分管财务和资产的副主席、财务和资产管理部门的人员，不得担任同级工会经费审查委员会委员。

第三十六条 基层工会经费审查委员会由会员大会或会员代表大会选举产生。主任、副主任可以由经费审查委员会全体会议选举产生，也可以由会员大会或会员代表大会选举产生。

第三十七条 基层工会经费审查委员会的选举结果，与基层工会委员会选举结果同时报上一级工会批准。

基层工会经费审查委员会的任期与基层工会委员会相同。

第七章　女职工委员会

第三十八条 基层工会组织有女会员 10 人以上的建立女职工委员会，不足 10 人的设女职工委员。女职工委员会与基层工会委员会同时建立。

第三十九条 基层工会女职工委员会委员由同级工会委员会提名，在充分协商的基础上产生，也可召开女职工大会或女职工代表大会选举产生。

第四十条 基层工会女职工委员会主任由同级工会女主席或女副主席担任，也可经民主协商，按照相应条件配备女职工委员会主任。女职工委员会主任应提名为同级工会委员会或常务委员会委员候选人。基层工会女职工委员会主任、副主任名单，与工会委员会选举结果同时报上一级工会批准。

第八章　附　则

第四十一条 乡镇（街道）、开发区（工业园区）、村（社区）建立的工会委员会，县级以下建立的区域（行业）工会联合会如进行选举的，参照本条例执行。

第四十二条 本条例由中华全国总工会负责解释。

第四十三条 本条例自发布之日起施行，以往有关规定与本条例不一致的，以本条例为准。1992 年 5 月 18 日全国总工会办公厅印发的《工会基层组织选举工作条例》同时废止。

4. 基层工会会员代表大会条例

第一章　总　则

第一条　为完善基层工会会员代表大会制度，推进基层工会民主化、规范化、法治化建设，增强基层工会政治性、先进性、群众性，激发基层工会活力，发挥基层工会作用，根据《中华人民共和国工会法》《中国工会章程》等有关规定，制定本条例。

第二条　本条例适用于企业、事业单位、机关、社会团体和其他社会组织单独或联合建立的基层工会组织。

乡镇（街道）、开发区（工业园区）、村（社区）建立的工会委员会，县级以下建立的区域（行业）工会联合会，如召开会员代表大会的，依照本条例执行。

第三条　会员不足 100 人的基层工会组织，应召开会员大会；会员 100 人以上的基层工会组织，应召开会员大会或会员代表大会。

第四条　会员代表大会是基层工会的最高领导机构，讨论决定基层工会重大事项，选举基层工会领导机构，并对其进行监督。

第五条　会员代表大会实行届期制，每届任期三年或五年，具体任期由会员代表大会决定。会员代表大会任期届满，应按期换届。遇有特殊情况，经上一级工会批准，可以提前或延期换届，延期时间一般不超过半年。会员代表大会每年至少召开一次，经基层工会委员会、三分之一以上的会员或三分之一以上的会员代表提议，可以临时召开会员代表大会。

第六条　会员代表大会应坚持党的领导，坚持民主集中制，坚持依法规范，坚持公开公正，切实保障会员的知情权、参与权、选举权、监督权。

第七条 基层工会召开会员代表大会应向同级党组织和上一级工会报告。换届选举、补选、罢免基层工会委员会组成人员的，应向同级党组织和上一级工会书面报告。上一级工会对下一级工会召开会员代表大会进行指导和监督。

第二章 会员代表大会的组成和职权

第八条 会员代表的组成应以一线职工为主，体现广泛性和代表性。中层正职以上管理人员和领导人员一般不得超过会员代表总数的 20%。女职工、青年职工、劳动模范（先进工作者）等会员代表应占一定比例。

第九条 会员代表名额，按会员人数确定：

会员 100 至 200 人的，设代表 30 至 40 人；

会员 201 至 1000 人的，设代表 40 至 60 人；

会员 1001 至 5000 人的，设代表 60 至 90 人；

会员 5001 至 10000 人的，设代表 90 至 130 人；

会员 10001 至 50000 人的，设代表 130 至 180 人；

会员 50001 人以上的，设代表 180 至 240 人。

第十条 会员代表的选举和会议筹备工作由基层工会委员会负责，新成立基层工会的由工会筹备组负责。

第十一条 会员代表大会根据需要，可以设立专门工作委员会（小组），负责办理会员代表大会交办的具体事项。

第十二条 会员代表大会的职权是：

（一）审议和批准基层工会委员会的工作报告；

（二）审议和批准基层工会委员会经费收支预算决算情况报告、经费审查委员会工作报告；

（三）开展会员评家，评议基层工会开展工作、建设职工之家情况，评议基层工会主席、副主席履行职责情况；

（四）选举和补选基层工会委员会和经费审查委员会组成人员；

（五）选举和补选出席上一级工会代表大会的代表；

（六）罢免其所选举的代表、基层工会委员会组成人员；

（七）讨论决定基层工会其他重大事项。

第三章　会员代表

第十三条　会员代表应由会员民主选举产生，不得指定会员代表。劳务派遣工会员民主权利的行使，如用人单位工会与用工单位工会有约定的，依照约定执行；如没有约定或约定不明确的，在劳务派遣工会员会籍所在工会行使。

第十四条　会员代表应具备以下条件：

（一）工会会员，遵守工会章程，按期缴纳会费；

（二）拥护党的领导，有较强的政治觉悟；

（三）在生产、工作中起骨干作用，有议事能力；

（四）热爱工会工作，密切联系职工群众，热心为职工群众说话办事；

（五）在职工群众中有一定的威信，受到职工群众信赖。

第十五条　会员代表的选举，一般以下一级工会或工会小组为选举单位进行，两个以上会员人数较少的下一级工会或工会小组可作为一个选举单位。

会员代表由选举单位会员大会选举产生。规模较大、管理层级较多的单位，会员代表可由下一级会员代表大会选举产生。

第十六条　选举单位按照基层工会确定的代表候选人名额和条件，组织会员讨论提出会员代表候选人，召开有三分之二以上会员或会员代表参加的大会，采取无记名投票方式差额选举产生会员代表，差额率不低于15%。

第十七条　会员代表候选人，获得选举单位全体会员过半数赞成票时，方能当选；由下一级会员代表大会选举时，其代表候选人获得应到会代表人数过半数赞成票时，方能当选。

第十八条　会员代表选出后，应由基层工会委员会或工会筹备组，对会员代表人数及人员结构进行审核，并对会员代表进行资格审查。符合条件的会员代表人数少于原定代表人数的，可以把剩余的名额再分配，进行补选，也可以在符合规定人数情况下减少代表名额。

第十九条 会员代表实行常任制，任期与会员代表大会届期一致，会员代表可以连选连任。

第二十条 会员代表的职责是：

（一）带头执行党的路线、方针、政策，自觉遵守国家法律法规和本单位的规章制度，努力完成生产、工作任务；

（二）在广泛听取会员意见和建议的基础上，向会员代表大会提出提案；

（三）参加会员代表大会，听取基层工会委员会和经费审查委员会的工作报告，讨论和审议代表大会的各项议题，提出审议意见和建议；

（四）对基层工会委员会及代表大会各专门委员会（小组）的工作进行评议，提出批评、建议；对基层工会主席、副主席进行民主评议和民主测评，提出奖惩和任免建议；

（五）保持与选举单位会员群众的密切联系，热心为会员说话办事，积极为做好工会各项工作献计献策；

（六）积极宣传贯彻会员代表大会的决议精神，对工会委员会落实会员代表大会决议情况进行监督检查，团结和带动会员群众完成会员代表大会提出的各项任务。

第二十一条 选举单位可单独或联合组成代表团（组），推选团（组）长。团（组）长根据会员代表大会议程，组织会员代表参加大会各项活动；在会员代表大会闭会期间，按照基层工会的安排，组织会员代表开展日常工作。

第二十二条 基层工会讨论决定重要事项，可事先召开代表团（组）长会议征求意见，也可根据需要，邀请代表团（组）长列席会议。

第二十三条 基层工会应建立会员代表调研、督查等工作制度，充分发挥会员代表作用。

第二十四条 会员代表在法定工作时间内依法参加会员代表大会及工会组织的各项活动，单位应当正常支付劳动报酬，不得降低其工资和其他福利待遇。

第二十五条　有下列情形之一的，会员代表身份自然终止：

（一）在任期内工作岗位跨选举单位变动的；

（二）与用人单位解除、终止劳动（工作）关系的；

（三）停薪留职、长期病事假、内退、外派超过一年，不能履行会员代表职责的。

第二十六条　会员代表对选举单位会员负责，接受选举单位会员的监督。

第二十七条　会员代表有下列情形之一的，可以罢免：

（一）不履行会员代表职责的；

（二）严重违反劳动纪律或单位规章制度，对单位利益造成严重损害的；

（三）被依法追究刑事责任的；

（四）其他需要罢免的情形。

第二十八条　选举单位工会或三分之一以上会员或会员代表有权提出罢免会员代表。会员或会员代表联名提出罢免的，选举单位工会应及时召开会员代表大会进行表决。

第二十九条　罢免会员代表，应经过选举单位全体会员过半数通过；由会员代表大会选举产生的代表，应经过会员代表大会应到会代表的过半数通过。

第三十条　会员代表出现缺额，原选举单位应及时补选。缺额超过会员代表总数四分之一时，应在三个月内进行补选。补选会员代表应依照选举会员代表的程序，进行差额选举，差额率应按照第十六条规定执行。补选的会员代表应报基层工会委员会进行资格审查。

第四章　会员代表大会的召开

第三十一条　每届会员代表大会第一次会议召开前，应将会员代表大会的组织机构、会员代表的构成、会员代表大会主要议程等重要事项，向同级党组织和上一级工会书面报告。上一级工会接到报告后应于 15 日内批复。

第三十二条　每届会员代表大会第一次会议召开前，基层工会委员会或工会筹备组应对会员代表进行专门培训，培训内容应包括工会基本知识、会员代表大会的性质和职能、会员代表的权利和义务、大会选举办法等。

第三十三条　会员代表全部选举产生后，应在一个月内召开本届会员代表大会第一次会议。

第三十四条　会员代表大会召开前，会员代表应充分听取会员意见建议，积极提出与会员切身利益和工会工作密切相关的提案，经基层工会委员会或工会筹备组审查后，决定是否列入大会议程。

第三十五条　召开会员代表大会，应提前5个工作日将会议日期、议程和提交会议讨论的事项通知会员代表。

第三十六条　每届会员代表大会第一次会议召开前，可举行预备会议，听取会议筹备情况的报告，审议通过关于会员代表资格审查情况的报告，讨论通过选举办法，通过大会议程和其他有关事项。

第三十七条　召开会员代表大会时，未当选会员代表的经费审查委员会委员、女职工委员会委员应列席会议，也可以邀请有关方面的负责人或代表列席会议。可以邀请获得荣誉称号的人员、曾经作出突出贡献的人员作为特邀代表参加会议。

列席人员和特邀代表仅限本次会议，可以参加分组讨论，不承担具体工作，不享有选举权、表决权。

第三十八条　基层工会委员会、经费审查委员会及女职工委员会的选举工作，依照《工会基层组织选举工作条例》规定执行。

第三十九条　会员代表大会应每年对基层工会开展工作、建设职工之家和工会主席、副主席履行职责等情况进行民主评议，在民主评议的基础上，以无记名投票方式进行测评，测评分为满意、基本满意、不满意三个等次。测评结果应及时公开，并书面报告同级党组织和上一级工会。基层工会主席、副主席测评办法应由会员代表大会表决通过，并报上一级工会备案。

第四十条　基层工会主席、副主席，具有下列情形之一的，可以罢免：

（一）连续两年测评等次为不满意的；

（二）任职期间个人有严重过失的；

（三）被依法追究刑事责任的；

（四）其他需要罢免的情形。

基层工会委员会委员具有上述（二）（三）（四）项情形的，可以罢免。

第四十一条　本届工会委员会、三分之一以上的会员或会员代表可以提议罢免主席、副主席和委员。罢免主席、副主席和委员的，应经同级党组织和上一级工会进行考察，未建立党组织的，由上一级工会考察。经考察，如确认其不能再担任现任职务时，应依法召开会员代表大会进行无记名投票表决，应参会人员过半数通过的，罢免有效，并报上一级工会批准。

第四十二条　规模较大、人数众多、工作地点分散、工作时间不一致，会员代表难以集中的基层工会，可以通过电视电话会议、网络视频会议等方式召开会员代表大会。不涉及无记名投票的事项，可以通过网络进行表决，如进行无记名投票的，可在分会场设立票箱，在规定时间内统一投票、统一计票。

第四十三条　会员代表大会与职工代表大会应分别召开，不得互相代替。如在同一时间段召开的，应分别设置会标、分别设定会议议程、分别行使职权、分别作出决议、分别建立档案。

第四十四条　会员代表大会通过的决议、重要事项和选举结果等应当形成书面文件，并及时向会员公开。

第五章　附　则

第四十五条　除会员代表的特别规定外，召开会员大会依照本条例相关规定执行。

第四十六条　本条例由中华全国总工会负责解释。

第四十七条　本条例自发布之日起施行，以往有关规定与本条例不一致的，以本条例为准。1992 年 4 月 14 日中华全国总工会办公厅印发的《关于基层工会会员代表大会代表实行常任制的若干暂行规定》同时废止。

5. 职工代表大会操作指引

（关于印发《职工代表大会操作指引》的通知国厂开组办发〔2022〕2 号　各省、自治区、直辖市厂务公开协调领导机构办公室：为规范职工代表大会操作流程，全国厂务公开协调小组办公室制定《职工代表大会操作指引》，现予印发，请结合本地实际，认真贯彻落实。全国厂务公开协调小组办公室　2022 年 3 月 17 日）

为规范职工代表大会操作流程，完善职工代表大会运作机制，充分发挥职工代表大会积极作用，推动企业民主管理工作高质量发展，依照相关法律法规和政策文件规定，制定本指引。

本指引中所指"企业"，主要是指国有、集体及其控股企业、私营、港澳台投资、外商投资等企业。事业单位、民办非企业组织等其他单位可参照执行。

一、建章立制

（一）建立制度

企业应当按照合法、有序、公开、公正的原则，建立以职工代表大会为基本形式的民主管理制度，实行厂务公开，推行民主管理。

企业行政管理方与企业工会委员会应根据法律法规政策的规定，结合实际，制定职工代表大会的实施办法（细则），明确其组织制度、职权内容和工作制度等，提交职工代表大会审议通过，并将其纳入本单位管理制度体系，同时报同级党组织，并报上一级工会备案。

（二）确定组织形式

职工大会和职工代表大会是职工代表大会制度的两种形式，二者在性质、任务、职权等方面没有区别，职工代表大会在具体工作制度方面增加了职工代表大会代表的选举、罢免等内容。

企业行政管理方与企业工会委员会可以根据企业的职工人数，实际需要和客观条件协商选择召开职工大会或职工代表大会。根据规定，企业职工人数在五十人以下的，应当召开职工大会。

（三）确定职工代表大会届期

职工代表大会每届任期为三年至五年，具体任期由职工代表大会根据本单位实际情况确定。职工代表大会应当按期换届，遇到需要提前或延期换届的情况，应当经企业行政管理方与企业工会委员会协商一致，并将提前或延期换届理由向上一级工会书面报告，同时将具体情况通过公开渠道让全体职工知晓。

（四）开展筹备工作

企业首次召开职工代表大会或换届前，应当成立由企业党组织、企业行政管理方、企业工会委员会等方面人员组成的筹备机构。筹备机构主要任务是：起草本单位职工代表大会实施办法（细则）；组织选举职工代表；起草职工代表大会筹备工作情况报告；研究确定本次职工代表大会主要议题和议程；听取职工的意见和建议等等。非首次召开职工代表大会或换届，由企业工会委员会牵头完成各项大会筹备工作。

二、会前筹备

（一）组织选举职工代表

1.确定职工代表人数。企业工会委员会按照不少于全体职工人数的百分之五的比例确定职工代表人数，同时确保职工代表的人数不少于三十人；如果按此比例计算出的职工代表人数超过一百人，超出部分的代表人数可以由企业行政管理方与企业工会委员会协商确定。

职工代表在一届任期内实行常任制，职工代表大会换届时，职工代表经过民主选举可以连选连任，不受任期次数的限制。

2.确定职工代表构成和比例。职工代表大会的代表要具有广泛性、代表性，其中，企业中层以上管理人员和领导人员一般不得超过职工代表总人数的百分之二十。所属单位多、分布广的企业集团，中层以上管理人员和领导人员一般不超过代表总数的百分之三十五。促进女职工代表比例与企业女职工比例相适应，有被派遣劳动者的企业，职工代表中应有被派遣劳动者代表。

3.确定选区分配名额。职工代表应以分公司（厂）、部门、班组、车间、科室等为基本选举单位，企业工会委员会综合考虑职工代表人数总额、各选区职工人数、职工代表构成和比例要求等，确定各选区的职工代表名额。

4.开展选举工作。企业工会委员会组织开展选举工作，企业行政管理方应予以支持配合。选举、罢免职工代表，应当召开选举单位全体职工会议，会议应有三分之二以上职工参加。选举、罢免职工代表的决定，应经全体职工的过半数通过方为有效。

参加集团职工代表大会的职工代表可以在企业集团总部和各所属基层单位职工代表大会的职工代表中选举产生，也可以在企业集团全体职工中直接选举产生。

选区一般应当场公布选举结果，企业工会委员会及时汇总选举结果，提交职工代表资格审查委员会（小组）审查，审查无误后，及时将职工代表名单通过厂务公开栏等形式向全体职工公布。

5.职工代表的罢免、补选。职工代表因岗位变动、离职退休、解除或终止劳动合同等原因无法履行代表职责，代表资格自行终止。对无故不履行代表职责，或严重失职失去选区职工信任、严重违反本单位规章制度或因违法犯罪受到刑事处罚等原因难以胜任职工代表的，应当予以罢免。

企业工会委员会应及时掌握职工代表动态信息，发现需要罢免的情况，及时调查核实，并组织原选区履行罢免程序，一般为：

（1）组织原选区对需要被罢免的职工代表的情况进行讨论，视情况需要，被罢免的职工代表可参加会议并进行申辩；

（2）经原选区全体职工半数以上同意，可以作出罢免决定；

（3）原选区将罢免职工代表的决定报告企业工会委员会。

职工代表因罢免、岗位变动、离职退休、解除或终止劳动合同等原因出现缺额时，企业工会委员会依照规定的民主程序，组织原选区，按原比例结构补选职工代表，补选的民主程序与选举的民主程序相同。

6.成立职工代表资格审查委员会（小组）。职工代表资格审查委员会（小组）成员一般由工会、干部管理部门或人力资源部门、纪委监察等相关部门人员组成。

审查的主要事项包括：

（1）职工代表结构比例是否符合相应规定；

（2）职工代表是否具备当选资格和条件；

（3）职工代表的产生是否履行规范民主程序；

（4）选举时是否存在作弊、贿选等不正当行为等。

7.确认职工代表资格。与企业建立劳动关系的职工及被派遣劳动者，有选举和被选举为职工代表大会代表的权利。

8.组成代表团（组）并选出代表团（组）长。企业工会委员会根据企业职工人数、分布情况和实际需要来确定是否组成职工代表团（组）并选举代表团（组）长。如有需要，则将职工代表按照所属基层选举单位组成代表团（组）并推举团（组）长。

9.邀请列席代表。企业工会委员会可以根据实际情况和职工代表大会会议内容的需要，邀请一些未当选职工代表的企业领导人员、有关部门负责人和相关人员等参会。列席代表可以在职工代表大会或代表团（组）会议发言，提出意见建议，但没有选举权和表决权。

（二）设立职工代表大会专门机构

企业工会委员会主要根据企业职工人数、分布情况和实际需要来确定是否设立职工代表大会专门机构，即专门委员会（小组）。如有需要，可结合职工代表大会的职权内容和实际需要设立职工代表大会专门机构，负责办理职工代表大会交办的事项。

一般可以设立职工代表提案、集体合同、劳动法律监督、劳动保护、薪酬福利、评议监督等常设的专门委员会（小组）。规模较小的企业可以设立一个综合性的民主管理专门委员会（小组）。企业还可以根据工作需要，设立一些临时性的专门委员会（小组），待承担的特定工作结束后予以撤销。

专门委员会（小组）负责人一般在职工代表中提名，成员可以聘请熟悉相关业务的非职工代表，但必须经职工代表大会审议通过。实践中，企业的相关职能部门负责人不担任对口专门委员会（小组）的负责人，以确保专门委员会（小组）的监督作用落到实处。

一般设立专门委员会（小组）的流程包括：

1.企业工会委员会拟定组建专门委员会（小组）及确定其组成人员的具体方案；

2.由职工代表团（组）提出具体候选人（名单）；

3.经职工代表大会主席团审议后，正式提出各专门委员会（小组）候选人名单，提请职工代表大会审议通过。

（三）征集职工代表提案，确定职工代表大会议题

1.职工代表提案的征集和处理。企业工会委员会发出征集职工代表提案的通知，职工代表在征集选区职工意见，充分调研的基础上提出提案。提案专门委员会（小组）对提案进行审核、筛选、分类、整理、合并、汇总，予以立案的提案提交企业行政管理方讨论审批，确定相关承办和协办部门，由相关承办和协办部门进行处理和书面答复提案人；已经落实或暂时解决不了的提案，由相关职能部门书面答复提案人；不符合条件的提案退还提案人并进行解释说明。提案专门委员会（小组）汇总提案审理及落实情况，向职工代表大会报告，并对提案落实情况进行整理、登记和归档。

2.确定职工代表大会议题。一般程序包括：

（1）通知征集。企业工会委员会通过各种途径广泛征求、充分听取职工群众的意见和建议。

（2）提出草案。企业工会委员会依据职工代表大会职权，与企业行政

管理方协商，初步形成议题和议案的草案。

（3）形成正式意见。企业工会委员会将议题和议案的草案补充修改后形成正式意见，书面报同级党组织同意。

（4）提前送达职工代表，征集意见建议。职工代表大会议题和议案应当在会议召开七日前以书面形式送达职工代表。职工代表在收到材料后，应及时征求所在选区职工的意见和建议，在审议讨论过程中将这些意见和建议反映出来，认真参与团（组）讨论。企业工会委员会要做好职工代表讨论审议意见的收集、整理并反馈相关职能部门。对分歧较大的事项，企业行政管理方和企业工会委员会应当根据职工代表意见进行协商修改后，交由职工代表重新组织讨论。

（5）职工代表大会预备会议审议通过。由企业工会委员会向职工代表大会预备会议提出议题和议案建议稿，经预备会议审议通过后作为职工代表大会正式议题和议案。

（四）确定大会议程

根据职工代表大会讨论的事项和对该事项行使的职权设置职工代表大会的议程。一般包括：

（1）会议主持人报告职工代表出席情况（含应到人数、实到人数），确定会议召开的合法性；

（2）听取需要职工代表大会审议、审查事项的报告；

（3）组织职工代表充分讨论和审议；

（4）召开主席团会议；

（5）组织职工代表对需要职工代表大会审议通过的事项进行投票表决；

（6）组织职工代表对有关人员进行民主选举；

（7）组织职工代表对有关人员进行民主评议；

（8）形成决议，大会总结。

（五）向同级党组织、上一级工会报告

企业召开职工代表大会前，须由职工代表大会筹备机构或企业工会委员会就会议筹备情况向同级党组织报告，并向上一级工会报备。

三、会前审议

（一）预备会议

1.预备会议职责。职工代表大会预备会议一般由企业工会委员会主持召开，全体职工代表参加，对召开本次职工代表大会需要确认的事项履行民主程序，确保正式会议合法、有效。

具体职责主要包括：

（1）选举产生大会主席团；

（2）听取本届（次）职工代表大会的筹备情况汇报，提出大会议题和议程的建议；

（3）通过职工代表资格审查委员会（小组）作的职工代表资格审查情况的报告；

（4）通过本届（次）职工代表大会的议题和议程；

（5）决定大会其他准备事项。

2.设立主席团。职工代表大会根据实际情况确定是否设立主席团。规模较大、管理层级较多、职工人数较多的企业召开职工代表大会可以选举大会主席团主持会议。

主席团成员产生的程序是：

（1）企业工会委员会与职工代表大会的各代表团（组）协商，提出主席团成员候选人名单，其中，工人、技术人员、普通管理人员不少于百分之五十；

（2）职工代表大会预备会议审议主席团成员候选人名单，表决通过后主席团正式成立。没有设立职工代表大会主席团的，应当由企业工会委员会与企业行政管理方协商，在职工代表中推举职工代表大会的会议主持人，负责主持会议，一般由企业工会主要负责人担任。

（二）主席团会议

主席团会议表决通过大会日程和议程、大会执行主席等。

四、正式会议

（一）宣布开会

大会执行主席或者主持人核实出席大会的职工代表人数。到会职工代表必须超过全体职工代表总数的三分之二，会议方为有效。

宣布开会后，主持人应简要讲明本次大会的中心议题和主要任务，宣布大会议程。

（二）向职工代表大会作各项报告

1.企业主要负责人作企业工作报告。工作报告已经在会前发给职工代表进行充分讨论的，可针对职工代表提出的意见作出说明。

2.行政有关负责人作专题议案情况报告，就提交职工代表大会审查或审议的专题议案，说明专题议案制定的依据、目的和具体实施办法；针对职工代表提出的意见作出具体说明。

审议建议的议案可包括：企业改革改制方案、发展规划、年度生产经营管理情况，企业用工、劳动合同和集体合同签订履行情况，企业安全生产情况，企业缴纳社会保险费和住房公积金情况，企业制定、修改或者决定有关劳动报酬、工作时间、休息休假、劳动安全卫生、保险福利、职工培训、劳动纪律以及劳动定额管理等直接涉及职工切身利益的规章制度或者重大事项情况等的报告或方案。审议并提出意见和建议。

审议通过的议案可包括：集体合同草案，按照国家有关规定提取职工福利基金使用方案、住房公积金和社会保险费缴纳比例和时间的调整方案，劳动模范推荐人选等重大事项。审议并进行表决，形成同意或不同意的决议。国有及其控股企业中职工的裁减、分流和安置方案也应当经职工代表大会审议通过。

地方法规有相关规定，从其规定。

3.企业工会主席、职工代表大会专门委员会（小组）负责人就上届（次）职工代表大会决议落实情况、职工代表提案处理情况、集体合同执行情况等作报告。

4.企业工会主席就职工代表大会闭会期间，职工代表团（组）长和专门委员会（小组）负责人联席会议处理的重大事项向大会作出说明，提请大会确认。

5.其他相关草案或情况说明。

（三）民主评议

民主评议一般程序为：

1.被评议人员在职工代表大会上作述职述廉报告，接受职工代表质询；

2.组织职工代表进行无记名测评；

3.汇总测评结果和评议意见；

4.向职工代表和被评议人员反馈测评结果；

5.按照干部管理权限将民主测评结果报送人事主管部门。

民主评议对象包括：职工董事、职工监事，国有、集体及其控股企业领导班子成员，法律法规规定或企业行政管理方与企业工会委员会协商确定应当接受职工代表大会民主评议的其他人员。

国有、集体及其控股企业可根据实际情况，制定切实可行的实施方案或办法，与干部人事制度、企业领导班子考核紧密结合，用好民主评议结果，将其按一定权重纳入干部考核体系。

（四）分组讨论并发言

以职工代表团（组）为单位，就以上报告、议案、草案进行分组讨论，同时对大会的各项决议草案和需要经过大会选举的候选人进行酝酿。大会主席团成员分别参加本代表团（组）的讨论。

各代表团（组）应指定专人认真记录职工代表的讨论发言，整理归纳后将讨论意见向主席团汇报。

（五）主席团会议

职工代表大会主席团会议听取各代表团（组）讨论情况，研究需要审议决定的相关事项，草拟大会决议。

（六）选举和表决

1.选举。职工代表大会依据职权，选举或者罢免职工董事、职工监事，选举依法进入破产程序企业的债权人会议和债权人委员会中的职工代表，根据授权推荐或者选举企业经营管理人员。

2.表决。一般包括：

（1）职工代表根据大会主席团的提名，表决通过职工代表大会专门委员会（小组）的人选；

（2）表决通过其他需要经过职工代表大会选举的人员；

（3）表决大会决议、决定和有关议案的草案。

选举、表决需要最大限度保证职工代表真实意愿的表达。对于程序性的问题，可采用举手表决或鼓掌通过等方式；对涉及职工切身利益的重大事项必须采用无记名投票的方式分项表决。其中要注意：一是表决事项须获得全体职工代表过半数赞成方为通过；二是如果对多个事项进行表决，应当分项表决，以确保职工代表对每一事项都能准确行使民主权力。

（七）致闭幕词，宣布大会结束

大会执行主席或者主持人宣布大会结束。

五、会后工作

（一）公示审议通过事项和决议

企业工会委员会应当在闭会后将审议通过的事项和决议向全体职工公布。

注意：公布的范围应覆盖全体职工；公布的时间要有时效性，一般要求在闭会后七日内公布；公布形式可以多样，保证信息的完整和真实。

（二）报告同级党组织、上一级工会

闭会后七日内，企业工会委员会将会议有关情况向同级党组织、上一级工会报告。

（三）职工代表大会质量评估

企业工会委员会设计职工代表大会工作质量评估表，在职工代表大会结束后，组织职工代表填写，汇总数据；召开职工代表座谈会，了解掌握

情况；召开党政工专题会议，研究提出整改意见和措施；向下一次职工代表大会报告测评结果及实施整改措施情况，接受职工代表审议，并将有关档案整理归档。

（四）整理归档会议材料

企业工会委员会应及时梳理、妥善保存会议筹备和召开的相关材料，包括职工代表选举的相关文件，企业主要负责人、工会主席等所作的会议报告，职工代表讨论和发言的记录，选举和表决的程序文件等。

（五）临时职工代表大会

职工代表大会每年至少召开一次，闭会期间，有职工代表大会职权范畴内的重大事项，企业行政管理方、企业工会委员会或三分之一以上职工代表联名提议，可召开职工代表大会临时会议。临时会议具体时间和议题由双方协商确定，程序等要求与正常召开职工代表大会的规定一致。

（六）职工代表团（组）长和专门委员会（小组）负责人联席会议

职工代表大会闭会期间，有需要临时解决涉及企业改革发展、职工切身利益的重要问题时，可由企业工会委员会组织召集职工代表团（组）长和专门委员会（小组）负责人联席会议协商处理。联席会议可由职工代表团（组）长、专门委员会（小组）负责人、主席团成员、企业工会委员会委员参加。根据会议内容，还可以邀请党组织领导、相关经营管理人员、有关职能部门负责人等参加，便于联席会议更加妥当并顺利地对相关事项进行协商处理。协商讨论解决属于职工代表大会职权范围内的事项必须由职工代表大会授权，联席会议对有关事项的处理结果应当提请下一次职工代表大会确认。

（七）职工代表巡视检查

企业工会委员会可建立职工代表巡视检查制度，充分发挥职工代表在职工代表大会闭会期间的参政议政作用，保证职工代表大会决议、决定的落实。根据企业实际情况，定期组织职工代表对职工代表大会决议、决定贯彻落实情况，提案办理情况，企业安全生产、经营管理及为群众办实事情况，集体合同履行情况，职工群众关心的其他热点问题等进行巡视检查。职工代表就检查中发现的问题，及时提出意见建议，督促被检查单位或部门整改，跟踪整改情况。企业工会委员会汇总巡视检查情况，形成年度巡视检查总结报告报企业行政管理方，并在下一次职工代表大会民主管理工作报告中提报，接受职工代表审议监督。

参考资料及说明

[1]《中华人民共和国宪法》（2018 年修正文本）本书中简称《宪法》

[2]《中华人民共和国公司法》（根据 2018 年 10 月 26 日第十三届全国人民代表大会常务委员会第六次会议《关于修改〈中华人民共和国公司法〉的决定》第四次修正）本书中简称《公司法》

[3]《中华人民共和国全民所有制工业企业法》（1988 年 4 月 13 日第七届全国人民代表大会第一次会议通过根据 2009 年 8 月 27 日第十一届全国人民代表大会常务委员会第十次会议《关于修改部分法律的决定》修正）本书中简称《企业法》

[4]《中华人民共和国工会法》（根据 2021 年 12 月 24 日第十三届全国人民代表大会常务委员会第三十二次会议《关于修改〈中华人民共和国工会法〉的决定》第三次修正）本书中简称《工会法》

[5]《中华人民共和国劳动法》（根据 2018 年 12 月 29 日第十三届全国人民代表大会常务委员会第七次会议《关于修改〈中华人民共和国劳动法〉等七部法律的决定》第二次修正）本书中简称《劳动法》

[6]《中华人民共和国劳动合同法》（根据 2012 年 12 月 28 日第十一届全国人民代表大会常务委员会第三十次会议《关于修改〈中华人民共和国劳动合同法〉的决定》修正）本书中简称《劳动合同法》

[7]《全民所有制工业企业职工代表大会条例》（1986 年 9 月 15 日国务院发布）本书中简称《职工代表大会条例》

[8]《合理化建议和技术改进奖励条例》（1982 年 3 月 16 日国务院发布 1986 年 6 月 4 日国务院修订发布）

[9]《企业民主管理规定》（中共中央纪委、中共中央组织部、国务院国有资产监督管理委员会、监察部、中华全国总工会、中华全国工商业联合会于 2012 年 2 月 13 日印发）